# NARCO RANGER

Una memoria del inframundo del narcotráfico — desde Colombia y Venezuela hasta Nueva York y más allá

Escrito por

**Andres C Mahecha**

Detective retirado primer grado del NYPD

**NARCO RANGER**
©2021

**Andres Camilo Mahecha**
**Todos los derechos reservados.**

**Primera edición: 2025**

Ninguna parte de esta obra puede ser reproducida, almacenada en un sistema de recuperación o transmitida en cualquier forma o por cualquier medio —electrónico, mecánico, fotocopiado, grabación o cualquier otro— sin el permiso previo y por escrito del titular de los derechos de autor.

Oficina de Derechos de Autor de los Estados Unidos
Número de registro: 1-10353383111
Título de la obra: Narco Ranger
Año de finalización: 2021
Autor y titular: Andres Camilo Mahecha

Impreso en los Estados Unidos de América

## NOTA DEL AUTOR Y AVISO LEGAL

Este libro refleja mis recuerdos, experiencias personales y opiniones. No representa ni pretende representar las posiciones oficiales, políticas, puntos de vista o autorizaciones de ninguna agencia de seguridad, fuerza policial, institución militar, entidad gubernamental o persona mencionada directa o indirectamente.

Algunos nombres, detalles operativos, ubicaciones, fechas y características identificables han sido modificados, combinados u omitidos por razones de seguridad, privacidad, y para proteger investigaciones pasadas o en curso. Los relatos operativos se presentan desde mi perspectiva personal y no deben interpretarse como documentación oficial de ninguna agencia.

Las fotografías incluidas en este libro son de carácter histórico y narrativo. Algunas imágenes pueden haber sido alteradas o editadas para proteger la identidad de personas o funcionarios que no participaron de manera pública en operaciones encubiertas. Toda fotografía que incluya individuos arrestados o procesados se usa únicamente con fines periodísticos y narrativos, sin intención de difamación, prejuicio o declaración sobre su situación judicial actual.

La placa de detective mostrada en este libro no es una placa oficial del Departamento de Policía de la Ciudad de Nueva York (NYPD). Su presencia es simbólica y corresponde únicamente a mi historia personal. No representa autoridad vigente ni aval institucional alguno.

Cualquier error, interpretación o imprecisión en este libro es exclusivamente responsabilidad del autor.

## DEDICATORIA

Este libro está dedicado a cada hombre y mujer en las fuerzas del orden — aquellos que besan a sus familias cada mañana antes de salir, sin saber qué les traerá el día, pero aun así se ponen las botas y avanzan porque es lo correcto.

La mayoría de las personas nunca entenderá por qué corremos hacia el peligro, por qué tomamos las decisiones que tomamos o por qué cargamos este peso como lo hacemos. Pero nosotros sí lo entendemos. Es la batalla eterna entre el bien y el mal, y alguien tiene que mantenerse en esa línea. Alguien tiene que sostenerla.

A todos los que lo hacen — que Dios los bendiga. Manténganse fuertes, manténganse firmes, y que el Señor proteja siempre a ustedes y a sus familias.

## AGRADECIMIENTO A EL SINDICATO DETECTIVES' ENDOWMENT ASSOCIATION

A los hombres y mujeres de la Detectives' Endowment Association, activos y retirados, quiero expresarles mi más profundo agradecimiento y respeto. Ustedes son más que un sindicato: son los guardianes de la integridad, la columna vertebral de los profesionales del orden público que recorrieron las calles más duras cuando pocos estaban dispuestos a hacerlo.

Desde las unidades de homicidios hasta las de narcóticos, ustedes cargaron con el peso del peligro, del dolor y del sacrificio. A través de su fuerza colectiva, lucharon por salarios justos, beneficios adecuados, seguridad y reconocimiento — no como políticos, sino como hermanos y hermanas que vistieron la placa con orgullo.

Su apoyo significó todo en los momentos más difíciles, y su ejemplo ayudó a preservar la dignidad y el honor en un mundo que tantas veces intenta destruir ambos.

Este libro está dedicado a ustedes, los héroes silenciosos detrás de bambalinas, porque cada vez que se mantuvieron firmes, protegieron mucho más que las calles.

Protegieron la confianza, la hermandad y la esperanza.

## AGRADECIMIENTOS

Primero, por encima de todo, quiero darle gracias a Dios — mi Padre, mi protector y la fuente de cada bendición en mi vida. Fue Su poder divino el que me cubrió cuando era niño, me guardó cuando era adolescente y caminó conmigo en cada momento de mi carrera en las fuerzas del orden. Cada vez que pude haber caído, Él me levantó. Cada vez que no veía un camino, Él abrió uno. Y ahora, incluso en este nuevo capítulo de mi vida, Él sigue guiando mis pasos, moldeando mi carácter y rodeándome de bendiciones más grandes de lo que jamás pude imaginar. Gracias, Señor, por Tu gracia, Tu protección y por hacerme un mejor hombre cada día.

A todos los supervisores que no mencioné en este libro, y a cada compañero, colega y hermano con quien compartí servicio: gracias.

A mis equipos de Manhattan South Narcotics, Transit Pickpocket Unit, Organized Crime Investigation Division y a toda la familia de OCCB — gracias por sus sacrificios, su valentía, su humor en los momentos más oscuros y por las incontables noches en las que nos mantuvimos vivos unos a otros. Llevo esos recuerdos con orgullo, y este libro es tanto de ustedes como mío.

A los hombres y mujeres de Homeland Security Investigations — en mi corazón, HSI siempre será la agencia federal más sobresaliente del país. Gracias por darme el honor de servir a su lado, aprender de ustedes y pelear juntos la batalla. Ustedes establecen el estándar en el profesionalismo, la integridad y el corazón.

A todos en el Florida Department of Law Enforcement — gracias por acompañarme en algunos de los momentos más difíciles de mi vida. Su apoyo, su lealtad y su disposición a presentarse cuando más importaba se quedarán conmigo para siempre. Aprecio cada sacrificio que hacen, cada hora que entregan y cada batalla que enfrentan, que nadie fuera de este mundo jamás verá. Gracias por estar, por respaldarme y por recordarme lo que realmente significan la hermandad y el profesionalismo.

A todos los que creyeron en este proyecto — gracias. Tomó años juntar estas páginas, y su apoyo mantuvo viva la llama.

A mi familia — mi esposa Jennifer y mis cuatro hermosos hijos, Samantha, Sofía, Ezequiel y Elizabeth — todo lo que soy y todo lo que llegaré a ser es por ustedes. Su amor es mi ancla, mi propósito y mi legado. Este libro es un pedazo de historia que nos pertenece a todos.

Y finalmente, a mis padres, Orlando Mahecha y María Mahecha — gracias por los sacrificios que hicieron para que nosotros tuviéramos un futuro. Todo lo que somos como familia nace de su valentía, su fortaleza y su decisión de dejarlo todo atrás en busca de algo mejor. Su patriotismo y amor por los Estados Unidos me marcaron más de lo que podrán imaginar. Esos valores quedaron grabados profundamente en mi corazón.

Mi madre solía decir:
"Le debemos todo lo que tenemos a los Estados Unidos, y me alegra que hayamos venido."

Lo decía con convicción, con gratitud, y con la certeza de alguien que había vivido ambos mundos. Cargo esa frase conmigo cada día. Se convirtió en una brújula, un recordatorio de dónde empezamos y cuánto hemos avanzado gracias a su valentía.

Este libro, esta vida, cada logro — todo comenzó con ustedes.

Yo amo a mi familia con todo lo que soy.

## TABLA DE CONTENIDOS

Capítulo 1 – Infancia en Colombia / Guerra de Medellín y Cali
Capítulo 2 – Bushwick / Era del Crack
Capítulo 3 – Convertirme en Soldado – Ejército de los Estados Unidos
Capítulo 4 – Academia del NYPD
Capítulo 5 – Narcóticos Encubiertos
Capítulo 6 – Robert Chambers
Capítulo 7 – Oficina de Control del Crimen Organizado (OCCB)

*SECCIÓN DE FOTOS*

Capítulo 8 – Operación Australian Fever
Capítulo 9 – Regreso a Nueva York / Detalle en la Torre Trump
Capítulo 10 – Mudanza a Florida
Capítulo 11 – Regreso a las Fuerzas del Orden / Escuelas de Broward / FDLE
Capítulo 12 – Venezuela: El Cartel de los Soles / Hezbollah
Capítulo 13 – Aviones Gulfstream hacia Belice
Capítulo 14 – Nueva Ruta Aérea a Las Bahamas
Capítulo 15 – Los Pilotos "Brasileños"
Capítulo 16 – La Decisión de Dejar las Fuerzas del Orden
Capítulo 17 – Capítulo Final / Eventos Actuales / Colombia–Venezuela

## CAPÍTULO 1 — Infancia en Colombia

¿Cómo empiezo?

¿Dónde empiezo?
¿Y de qué manera empiezo?

Esa pregunta me la he hecho muchas veces.

Y lo primero que me viene a la mente es algo que una vez me dijeron:

Un buen hombre tiene hijos, siembra un árbol y escribe un libro.

Yo tengo cuatro hijos increíbles… he sembrado varios árboles…
así que aquí está mi libro:

Nací en 1974 en Bogotá, Colombia. En ese entonces, las afueras de la ciudad todavía eran rurales — espacios abiertos, carreteras de tierra y un ambiente donde el olor a lluvia se mezclaba con humo de leña y pino. Nuestra casa quedaba cerca de un pino canadiense enorme que se alzaba justo al frente; era tan alto que la gente venía cada diciembre a cortar árboles alrededor de él para sus pesebres y decoraciones.

Ese pino era un punto de referencia. Se veía desde lejos — firme, recto, arraigado. En cierta forma, representaba mi infancia antes de que la vida empezara a sacudir esas raíces.

Al otro lado de la calle había amplios potreros donde pastaban vacas y corrían caballos. Los domingos en la mañana me despertaba con el canto de los gallos y el olor al café de mi mamá. Luego me vestía para ir a la iglesia. Todos los domingos, sin falta. Mi papá iba adelante y nosotros, atrás — camisa bien puesta, zapatos brillados y esa sensación de que Dios nos cuidaba, incluso cuando no entendíamos muy bien lo que eso significaba.

Éramos cuatro hermanos:
Diego, el mayor, el que tenía la responsabilidad de mantenernos en línea. Mi papá lo había enseñado a ser más un disciplinario que un protector. En nuestra casa, el respeto y la disciplina no eran sugerencias — eran ley. Y como muchos hombres colombianos de esa época, mi papá creía que la corrección física y las rutinas estrictas formaban carácter.

Así que Diego aprendió temprano a imponerse. No era cruel; solo hacía lo que mi papá le enseñó. Pero eso le dio una autoridad que a veces lo separaba de nosotros — no era solo un hermano mayor, era casi un tercer papá.

Luego venía yo — lleno de energía, curiosidad, y siempre probando límites. Mi hermana Ana era la calma entre tanto desorden. Y David, el menor, era nuestro milagro — frágil pero lleno de vida, nacido con una condición en el corazón que cambiaría nuestro destino para siempre.

Los médicos dijeron que necesitaba un trasplante de válvula — algo nunca antes realizado en un niño como él. La única esperanza estaba en Estados Unidos, en el Deborah Heart Center en Nueva Jersey, donde estaban preparando un procedimiento experimental.

Esa cirugía, y la esperanza de salvar la vida de David, fue una de las principales razones por las que nuestra familia terminó emigrando.

Yo tenía catorce años cuando todo cambió. Diego tenía diecisiete, Ana era menor, y David apenas cinco. Mis papás tomaron la decisión — una que nos desarraigó de nuestro país, nuestra cultura y nuestro idioma— y nos envió a un lugar que solo conocíamos por películas.

En ese momento, yo no entendía qué estábamos por enfrentar. Solo sabía que dejábamos atrás todo lo que conocíamos — el pino grande, los potreros, el sonido de las vacas, y el calor familiar que nos había sostenido siempre.

No lo sabía entonces, pero ese fue el comienzo de la tormenta — el inicio de una vida llena de caos, peligro y protección divina.

Antes de hablar de nuestra llegada a Estados Unidos, tengo que regresar a mi infancia en Colombia — a las lecciones, las luchas y las formas silenciosas en que Dios me protegió desde pequeño. Hoy creo que nada fue casualidad. Cada momento hacía parte de un plan que ya estaba en movimiento.

Mi papá era comerciante — astuto, tradicional y disciplinado.

Todas las mañanas madrugaba, se preparaba su café, y abría El Tiempo en la mesa de la cocina. Iba directo a los clasificados, buscando ventas — esas en las que americanos o europeos que vivían en Colombia vendían todo antes de regresar a sus países de origen.

Marcaba los avisos que le interesaban, terminaba el café, y los fines de semana me llevaba con él. Aún recuerdo estar esperando afuera de esas casas, a veces en el frío de Bogotá, hasta que abrían las puertas. En cuanto abrían, era un caos — gente corriendo, agarrando cosas, regateando, gritando precios. Mi papá nunca se desesperaba. Él tenía ojo para las oportunidades.

Al principio compraba cosas pequeñas — ropa, chucherías — y las vendía por el barrio. Con el tiempo empezó a comprar cosas más grandes: televisores, neveras, muebles. Luego aprendió sobre antigüedades — bronce, plata, cuadros antiguos. Encontró un anticuario italiano en Chapinero que se volvió su profesor y comprador.

Mi papá aprendió rápido. Podía entrar a la mansión de un extranjero, identificar una pintura valiosa y negociar como un profesional. A veces compraba algo por unos pesos y lo vendía diez veces más caro. Para el final de su carrera, ya no era un "rebuscador"; era un verdadero comerciante — un hombre que construyó nuestro hogar, sostuvo a una familia de seis, y ahorró lo suficiente para pagar visas, tiquetes y todo lo que necesitábamos para empezar de cero en Estados Unidos.

Mientras él buscaba el sustento, mi mamá manejaba la casa. Ella era el corazón del hogar — paciente, fuerte y siempre ocupada. Cuatro hijos significaban trabajo constante. Todos los días cocinaba las tres comidas: desayuno, almuerzo y comida. El almuerzo siempre empezaba con sopita, sin excusas. Aunque no me gustara, tenía que comérmela antes del seco — arroz, fríjoles, pollo o lo que hubiera, siempre con plátano. Era un ritual.

Así era nuestra vida — estricta, estructurada y llena de amor expresado en trabajo y disciplina.

Hay momentos en la vida que nunca se borran. Yo era apenas un niño cuando aprendí que el mal puede tener cara común.

Un día, mi papá estaba vendiendo algunas cosas de la casa. Dos hombres llegaron a mirar, y mientras mi papá entró a otra habitación, yo me quedé en la sala con uno de ellos. El tipo sonrió, habló suavemente y, de repente, dijo algo que me congeló. Me pidió que hiciera algo que ningún niño debería escuchar. Sacó un puñado de monedas, con la mano temblorosa. Por un segundo, el aire se volvió pesado, y luego, como si algo más grande que nosotros interviniera, se detuvo. Me dio las monedas y me pidió que le mostrara mis partes íntimas. Yo me quedé paralizado unos segundos, y gracias a Dios, justo en ese momento mi papá estaba regresando a la sala. El hombre se alejó y se sentó como si nada.

A esa edad no entendía mucho, pero sabía que algo estaba demasiado mal.

Meses después, vi al mismo hombre saliendo del potrero con un niño del barrio, un poco mayor que yo. El estómago se me revolvió. No tenía palabras, pero reconocí la oscuridad.

Una mañana, mientras iba a la panadería a comprar el pan caliente que les gustaba a mis papás, él apareció otra vez. Intentó agarrarme, jalarme hacia ese potrero vacío. Grité y lloré, y ese ruido fue suficiente para que me soltara. Corrí a la casa temblando, apretando el pan como si fuera un escudo.

Ese recuerdo nunca desapareció.
Marcó mi vida.

Por años no le conté a nadie. Ni a mis papás, ni a mis hermanos. A nadie. Como niño entendía que lo que él intentó hacer era malo, sucio, perverso. Pero también sentía miedo, vergüenza, confusión… como si decirlo en voz alta lo hiciera real otra vez. Así que lo enterré profundo.

La única razón por la que cuento esto es que los padres necesitan entender cuán reales son estos peligros. El mal casi nunca se ve como un monstruo; la mayoría de las veces se disfraza de vecino, familiar o de alguien "normal".

Años después, cuando regresé a Colombia —después de más de quince años—, fui a mi antiguo barrio. Lo que antes era grande ahora parecía pequeño. La cuadra que yo recordaba enorme se recorría en segundos. El potrero ya no existía. Todo era concreto, edificios, y calles nuevas.

Por curiosidad —o tal vez buscando cierre— pregunté por ese hombre. Su nombre era Mario Taborda. Después de tantos años, todavía lo recordaba. Me dijeron que lo habían matado tiempo atrás. No sé cómo ni por qué.

No celebro la muerte de nadie, pero creo en la justicia —y a veces, la vida se encarga.

Aún hoy le agradezco a Dios haberme salvado. Haberme permitido escapar. Haber puesto Su mano cuando yo no podía defenderme.

Tal vez por eso siempre he tenido ese instinto de proteger — porque sé lo que se siente ser pequeño, vulnerable, y ser cubierto por la gracia sin entenderlo.

Y esta no fue la única vez que Dios intervino para protegerme.

Mi papá viajaba mucho fuera de Bogotá — a los pueblos de Santander: San Gil, Barbosa, Socorro — acompañado de un amigo llamado César. Su misión: llevar comida, medicinas y ayudar a familias necesitadas en las iglesias. Un día fui con él, montados en una Nissan Patrol del 74. La carretera era estrecha, destapada y peligrosa.

En una curva, tratando de seguirle el paso a otro jeep, mi papá perdió el control. El carro dio vueltas y quedó en una zanja. Yo no tenía cinturón. Mi papá se golpeó tan fuerte contra el timón que lo partió. Yo… no tuve ni un rasguño. No sentí dolor; solo recuerdo el impacto y luego voces. Los campesinos corrían gritando: "¡Se mataron!"
Una señora me dio un vaso de leche recién ordeñada; yo temblaba tanto que casi lo derramé. Todos decían lo mismo: fue un milagro.

Siempre me pregunté: ¿por qué sobreviví? ¿Cuál era mi misión?
Esa pregunta me ha seguido toda la vida.


**Un día en el potrero**

Mi hermano Diego era el deportista de la familia. Yo era lo opuesto: buscaba altura, aventura, riesgo. En vez de pelota, yo trepaba pinos gigantes. Solo unos pocos nos atrevíamos —yo, mi amigo Pablo y uno que otro loco más. Desde arriba se veía toda Bogotá. Tallábamos nuestros nombres en la corteza y les poníamos tinta de esfero para que quedaran para siempre. Hoy en día, no sé cómo esos árboles aguantaban.

Un día le pedí permiso a mi mamá para cruzar al potrero a ver jugar a Diego. Me dijo que no. Pero yo era terco. Esperé a que se distrajera y salí corriendo.

Había una carretera doble entre nuestra casa y el potrero. Un bus estaba recogiendo pasajeros y tapaba mi vista del otro carril. Miré hacia un lado, pero no hacia el otro. Apenas puse un pie en la vía… un carro me atropelló.

Recuerdo tratar de despertar, voces, mi mamá llorando. Intenté abrir los ojos pero no pude. Quise mover la mano para tocarla y mi cuerpo no respondía. Una señora decía: "Tranquila, solo está un poquito sangrado, póngale papel higiénico."
Yo estaba inconsciente.

Mi papá me llevó de urgencia al hospital. Cuando desperté, me faltaban dientes, un ojo estaba morado e hinchado, y tenía sangre seca en la frente. Hoy solo queda una cicatriz — un recordatorio de lo que pudo haber sido peor. Otra intervención. Otro día donde Dios dijo: todavía no.

**Las oraciones de una madre**

Mi mamá siempre ha sido una mujer de fe profunda — cristiana, dedicada, fuerte en su silencio. Sus oraciones eran constantes. Ella cargaba nuestras batallas cuando nosotros no podíamos.

La menciono en pasado, no porque haya muerto, sino porque el Alzheimer le ha ido robando pedacitos del alma. Es una enfermedad cruel — no solo borra recuerdos, sino que borra momentos. Confunde caras, diluye nombres, apaga risas. La familia termina viviendo un duelo lento, uno que empieza mucho antes del adiós final.

Hay días en los que todavía me reconoce. Sonríe… y por un instante vuelve a ser ella — la misma mujer que oraba por mi protección, que esperaba despierta a que yo llegara, que confiaba en la misericordia divina.
Pero luego el momento se va. Sus ojos se pierden. Y el silencio regresa.

El Alzheimer no afecta solo al paciente — afecta a todos. Trae miedo, frustración y dolor. Te obliga a despedirte poco a poco, cada día un poquito más.

Pero aun en esa oscuridad, sigo creyendo en el poder de sus oraciones.

Esas oraciones no desaparecieron.

Viven en mí.

Viven en mis hijos.

Viven en cada momento en que la muerte pasó cerca y no me tocó.

Si he llegado hasta aquí — a través del caos, del peligro, de la pérdida — es porque en algún momento, en algún lugar, las oraciones de mi madre tocaron el cielo…

y Dios decidió seguir contestándolas.

## Capítulo 2 — La Era del Crack en Bushwick

*Las calles de Bushwick, 1988*

Para ponerlo en perspectiva, gran parte de la familia de mi mamá ya llevaba muchos años en Estados Unidos antes de que nosotros llegáramos. Mi abuela había estado aquí desde hace más de veinticinco años. Mis tíos y tías estaban establecidos, construyendo sus vidas. Dos de mis primos servían con orgullo en el Ejército de los Estados Unidos, uno estacionado en Alemania y el otro sirviendo en territorio nacional. Éramos una familia que creía en la disciplina, el servicio y el sueño americano. Ese espíritu nos acompaña hasta hoy, con varios miembros de la familia aún sirviendo a este gran país.

Mis padres decidieron que era hora de intentar unirse al resto de la familia, no por aventura sino por necesidad. Mi hermano menor, David, necesitaba una cirugía — un delicado trasplante de válvula cardíaca que solo podía hacerse en Estados Unidos, en el Deborah Heart Center, en Nueva Jersey. Mi mamá presentó toda la documentación para nuestra residencia.

Años después, me contó que el día de nuestra entrevista en el consulado fue uno que jamás pudo olvidar. Cuando se sentó frente a la funcionaria en la Embajada de Estados Unidos, le explicó que su hijo menor estaba gravemente enfermo y que la operación solo era posible en América. La oficial consular la escuchó con atención y, finalmente, dijo que aprobaría una visa para mi mamá y para los dos hijos menores.

Mi mamá se paralizó. Miró a la oficial a los ojos y le dijo:
"¿Cómo voy a irme y dejar al resto de mi familia atrás?"

Hubo silencio. La mujer se quedó pensativa un largo momento. Finalmente dijo que haría una excepción. Aprobó residencias para los seis.

La oficial le dijo a mi madre que llevaba muchos años trabajando en la embajada y que jamás había aprobado la residencia completa de una familia de seis personas. Esa historia se quedó con mi mamá para el resto de su vida. Más tarde, cuando yo ya era adulto viviendo en Florida, me la contó de nuevo. Cada vez que lo hacía, se le aguaban los ojos y decía: "Esa fue la mano de Dios. No hay otra explicación."

Así que nuestras visas fueron aprobadas. Y ese verano de 1988, empacamos todo lo que cabía en unas cuantas maletas y abordamos un avión hacia una vida nueva, un mundo nuevo que aún no entendíamos.

Llegamos a Bushwick, Brooklyn, un vecindario que parecía otro planeta. Pasamos de una zona rural tranquila en Bogotá — donde todavía podías ver vacas al otro lado de la calle y escuchar la lluvia sobre los caminos de tierra — a uno de los barrios más duros de la ciudad de Nueva York, en pleno auge de la epidemia del crack.

Mi tía Leticia había conseguido un trabajo para mi papá administrando un parqueadero. Mi mamá estaba lista para trabajar en lo que fuera. Ambos sabían que no sería fácil, pero estaban decididos.

Nos instalamos en la esquina de Menahan Street y Wilson Avenue, justo frente a los proyectos. El ruido, las sirenas, los grafitis, los carros de policía pasando a toda velocidad — todo era nuevo. El idioma, los olores, las caras, el ritmo de la ciudad — era como caer en medio de una tormenta. Y aun así, entre el caos, había maravilla. Los Estados Unidos se sentían infinitos — edificios enormes, luces brillantes y la idea de que tal vez, de alguna manera, aquí podríamos empezar de nuevo.

No sabíamos lo que nos esperaba. Pero algo estaba claro: una vez más, Dios había abierto una puerta que nadie más podía abrir

## Un Estados Unidos Diferente

Yo estaba completamente confundido sobre la vida en este país.

Creciendo en Colombia, mi idea de Estados Unidos venía de la televisión — series como *Los Magníficos*, *MacGyver* y *El Auto Fantástico*. Imaginaba calles limpias, gente alta de ojos azules, casas perfectas y vecindarios tranquilos. Pensaba que Estados Unidos era todo lo que Colombia no era — seguro, ordenado, hermoso.

Pero cuando aterrizamos en Bushwick, Brooklyn, ese mundo imaginado desapareció.

Lo que vi se sentía como una película, pero una sin héroes. Las calles estaban llenas de vidrios rotos, y el suelo cubierto de frasquitos de crack. Los edificios estaban quemados, abandonados, cubiertos de grafiti. En cada esquina había adictos — consumidores de crack, prostitutas, y vendedores — viviendo dentro de esos mismos edificios abandonados. Algunos los usaban como "stash houses" (caletas); otros como refugios improvisados.

Las "cheese lines" (líneas de queso) —esta terminología venía de un programa de los años 70s donde el gobierno distribuía comida a gente de bajos recursos, entre los alimentos estaba el queso y las líneas eran interminables y en esa época eran las filas de adictos esperando su próxima dosis, a plena luz del día. Era impactante. En Colombia habíamos oído hablar de la cocaína — de Escobar, de las guerras entre carteles, de jueces y policías asesinados — pero nunca veíamos el consumo. Las drogas eran algo lejano, algo de lo que se hablaba en voz baja. En Nueva York, estaban ahí, frente a mis ojos.

La violencia era constante. Peleas, disparos, sirenas — se convirtieron en la banda sonora de nuestros primeros meses en América. Mis padres estaban aterrados. Mi madre lloraba a menudo. Decidieron rápidamente que no podíamos quedarnos ahí. Empezamos a usar la dirección de mi tía en Queens para que yo pudiera asistir a una escuela mejor, en Richmond Hill, lejos del caos de Bushwick.

Mis padres comenzaron a trabajar de inmediato. No hablaban el idioma, pero trabajaban más duro que cualquiera que yo hubiera conocido. Los dos consiguieron empleo en una fábrica de una familia judía. Trabajaban doce horas diarias — parados, levantando cajas, sudando — haciendo lo que fuera necesario para sacarnos adelante. Todavía puedo verlos llegar tarde, exhaustos pero orgullosos.

Siempre decían:
"No le tenemos miedo al trabajo. Vinimos aquí para darles un futuro."

Y lo hicieron. Construyeron nuestra independencia poco a poco, cheque tras cheque. Mudarnos de la casa de mi tía no era solo una meta — era un símbolo de supervivencia, de dignidad, de empezar de nuevo en una tierra que no era el sueño que esperábamos, pero era la tierra que estábamos decididos a convertir en nuestro hogar.

## Cedar Street

Después de unos meses viviendo con mi tía, mis padres buscaban independencia. Eran personas orgullosas, trabajadoras, que no querían depender de nadie. Eventualmente encontramos una casita de dos pisos en Cedar Street, justo debajo de la línea del tren M, cerca de la estación Central Avenue. El estruendo del tren pasó a formar parte de nuestra vida diaria.

No era el lugar más seguro, pero era mejor que donde habíamos estado. No había proyectos cerca y la calle era un poco más tranquila. Para nuestra familia, esa casa pequeña era un nuevo comienzo.

Pero incluso allí, el peligro nos encontraba.

Una tarde, fui a recoger a mi hermanito del kínder. Cuando regresamos y abrí la puerta, me congelé. Dos hombres estaban dentro de nuestra casa. Se movían rápido, revisando nuestras cosas. Al escucharme, desaparecieron en uno de los cuartos. Me entró un instinto inmediato — agarré a mi hermano de la mano y corrí a un teléfono público al final de la cuadra. Llamé a mi tía, que llamó a la policía. Cuando llegaron, los hombres ya habían desaparecido.

Esa fue la primera vez que nos robaron, pero no la última.

Se volvió casi rutinario. Los ladrones se metían mientras dormíamos. Una noche se llevaron el VHS; al día siguiente volvieron por el control remoto y algunas herramientas de mi papá. Suena increíble, pero así era la vida entonces. Tal vez tenían llaves, tal vez sabían abrir las cerraduras; nunca lo supimos.

Yo trabajaba en Wendy's, cerrando tarde. Una noche, después de llegar a casa, dejé el dinero que había ganado en la pequeña mesa de noche junto a mi cama. Cuando desperté, ya no estaba. Habían entrado a mi cuarto mientras dormía — a pocos pies de mí — y se lo llevaron.

Lo extraño es que nunca fueron violentos. Nunca lastimaron a nadie. Probablemente eran adictos del vecindario buscando lo necesario para su próximo golpe. Pero aun así, pienso en lo cerca que estuvo todo de salir mal.

Una vez más, vi la mano de Dios sobre mí. Incluso en esos momentos pequeños y caóticos, sentía que estaba cubierto — protegido por algo más grande que la suerte. Siempre he creído que las oraciones de la gente tuvieron algo que ver.

### Veranos de Calor y Lecciones de Calle

Los veranos en Nueva York tenían su propio ritmo. Todo el mundo estaba afuera — niños, padres, abuelos — sentados en las gradas, hablando fuerte, escuchando música, buscando aire. Cuando el calor era insoportable, alguien abría un hidrante y el agua inundaba la calle. Los niños corrían riendo, empapados, mientras los carros avanzaban despacio para no mojarse.

Las calles estaban vivas — caóticas pero llenas de energía.

Los dealers (vendedores) manejaban Toyotas, Nissan bajitos, con motores pequeños de 1,5 litros y parlantes gigantes en la cajuela, poniendo rap viejo o merengue dominicano. Era el sonido de Bushwick a finales de los '80.

A la vuelta, cerca de Central Avenue, había un "car service" dominicano — un sitio donde los taxistas se reunían, jugaban a las maquinitas y hablaban entre carreras. Tenían máquinas de arcade, y para nosotros, los niños del barrio, era uno de los pocos lugares con luz y vida. Íbamos a jugar Street Fighter, Double Dragon y un juego específico que les gustaba, Top Gunner.

Fue ahí donde empecé a notar cosas.

Siempre había un par de tipos que sobresalían — tenis limpios, cadenas de oro, fajos grandes de billetes. No hacía falta ser un genio para saber que estaban en algo ilegal. Estaban en las esquinas, hablando en voz baja, intercambiando dinero y mostrando sus prendas. Pero también eran generosos. Nos daban rollos de monedas para jugar con ellos. No les importaba el dinero — solo querían jugar hasta terminar el juego para ver las credenciales en japonés de los creadores de los juegos; hay veces horas jugando y, en ocasiones, hasta que mi papá me iba a buscar.

Una tarde, estaba jugando cuando un carro con vidrios polarizados frenó de golpe afuera.

Antes de que pudiera reaccionar, las puertas se abrieron y salieron varios hombres con el pelo largo y barbas descuidadas. Parecían indigentes — ropa gastada, tenis viejos. Pero no lo eran. Uno de ellos cargaba una escopeta y la apuntó hacia la entrada. Todos nos congelamos. Gritaron que saliéramos.

Afuera alinearon a los taxistas y a los demás contra la pared. Fue ahí cuando entendí — no eran ladrones. Eran el Tactical Narcotics Team — TNT —, una de las unidades encubiertas de élite de la ciudad.

Minutos después, llegó otro carro silencioso, pequeño, polarizado. Se detuvo una cuadra más allá. La ventana bajó a la mitad y desde dentro, alguien hizo un gesto con el pulgar — hacia arriba. Esa era la señal. El encubierto del carro había identificado al blanco. Años después, cuando yo mismo me convertí en detective de Narcóticos en el NYPD, entendí exactamente qué había presenciado ese día: una identificación positiva durante un operativo.

En ese momento, yo solo era un niño, de pie en la acera, asombrado.

Todo parecía tan profesional, tan peligroso, tan impresionante. En Colombia había visto policías, pero eran diferentes: normalmente patrullaban en moto, dos oficiales, uno mirando hacia atrás con una Uzi cruzada en el pecho y granadas en el cinturón. Desde niño los admiraba. Coleccionaba recortes de revistas con policías, armas y equipo táctico. Los guardaba en carpetas manila y los miraba por horas, fascinado.

Y ahora estaba ahí, en Bushwick, viendo la vida real frente a mí.

No lo sabía entonces, pero ese día sembró algo en mí. Ver a esos detectives vestidos de civil controlando el caos… me habló.

¿Quién iba a pensar que algún día yo estaría en esas mismas calles — primero comprando ese mismo crack (basuco) como encubierto, y después persiguiendo a los que lo vendían?

### Richmond Hill High School

Brooklyn era otro mundo en esos años.

1988–89 fueron años duros, especialmente en Bushwick. La violencia, las drogas, la tensión constante — parecía que el peligro esperaba en cada esquina. Por miedo a que nos pasara algo o nos metiéramos en problemas, mi mamá y mi tía decidieron que mi hermano y yo debíamos estudiar en un lugar más seguro.

Usamos la dirección de mi tía en Richmond Hill, Queens, para inscribirnos en Richmond Hill High School. Todas las mañanas teníamos que tomar el tren M y luego el J, cruzar por todo Brooklyn y bajar en la estación de tren 111th Street. Lo que no sabíamos era que Richmond Hill sería tan salvaje — o peor — que Bushwick. La escuela de Richmond Hill estaba entre Jamaica Avenue y Liberty.

Liberty Avenue era un mundo aparte — un verdadero crisol dentro de una ciudad ya mezclada. El área rebosaba de culturas, idiomas y actitudes. Había grandes grupos de estudiantes guyaneses e indios que llegaban desde Liberty. Los hispanos — dominicanos, puertorriqueños, colombianos y ecuatorianos — venían desde Jamaica Avenue. Los estudiantes negros llegaban de East New York. Había asiáticos, pakistaníes y una fuerte presencia de italianos de 101st Avenue y Woodhaven Boulevard, con raíces en Howard Beach. Algunos de esos italianos venían de familias vinculadas a la mafia, y aun con dieciséis o diecisiete años, llegaban en Cadillacs brillantes, adueñándose de la parte trasera de la escuela.

Los italianos se quedaban en la entrada de atrás; los hispanos se reunían al frente o caminaban hasta Atlantic Avenue a una pizzería; los estudiantes negros pasaban el tiempo cerca de Jamaica Avenue. Cada grupo tenía su territorio, y uno aprendía rápido a no cruzarlo si no quería problemas.

A veces, estudiantes de Franklin K. Lane High School, a pocas paradas del tren J, venían a buscar peleas o a robar. Se llevaban gorras, mochilas, hasta los tenis. La mayoría ocurría en los trenes. Cada viaje era una apuesta — nunca sabías si llegarías a casa con todo lo que llevabas.

Dentro de la escuela no era mejor. Había peleas todos los días. En la cafetería había guerras de comida, y hasta recuerdo dos apuñalamientos — uno en el comedor y otro justo afuera. Vi el de afuera: dos boricuas apuñalaron a otro hispano frente a nosotros y salieron corriendo.

Si querías sobrevivir, debías elegir un lado. Caminar solo era un riesgo.

Nunca olvido que un día, haciendo fila para el almuerzo, un par de muchachos italianos vinieron y me tumbaron la bandeja. La comida voló por el piso. Me agaché avergonzado para recogerla. De repente, un dominicano se me acercó, me miró directo y dijo:
"No recojas eso."
Me dio un ticket de almuerzo.
"Vuelve a hacer la fila y siéntate con nosotros."

Así fue como aprendí cómo funcionaban las cosas. Te unías a un grupo o te desaparecías. Desde ese día, me senté con los dominicanos.

Una vez que pertenecías a un grupo, ya eras parte de él — para bien o para mal.

No importaba si eras fuerte o no; la lealtad era supervivencia. Si alguien del grupo se metía en problemas, tenías que respaldarlo. No era por querer pelear — era por miedo a quedarte solo. Aprendí rápido que en Nueva York, estar solo era peligroso.

Recuerdo noches corriendo por estaciones de tren, defendiendo a amigos que estaban siendo robados. A veces corríamos hacia el peligro, no por valentía, sino por miedo a las consecuencias de no hacerlo. Había peleas —

pequeñas, grandes, y las que empezaban por nada—. Así era la vida a finales de los '80 — caótica, impredecible, llena de reglas no escritas.

Una noche, mi hermano y yo fuimos a una fiesta después de clases. La música — merengue y salsa llenaba el sótano de la casa. Todo estaba bien hasta que llegó un grupo que no había sido invitado. El dueño de la casa les pidió que se fueran, y se fueron — pero no tranquilos. Era claro que algo venía.

Cuando la fiesta terminó y caminábamos hacia el tren, noté carros que avanzaban despacio detrás de nosotros, con las luces apagadas. Se me encogió el pecho. De repente, encendieron las luces — y vi hombres en los capós de los carros con bates y piedras. Se lanzaron sobre nosotros.

Fue caos puro — gritos, carreras, gente dispersándose. Yo era rápido, pero mi hermano no. Le gritaba que corriera. Al doblar una esquina cerca de Liberty Avenue, un italiano manejaba su camión en reversa en un garaje. Vio la escena — los bates, el pánico — y gritó que entráramos. Corrimos y el señor cerró la puerta de golpe.

Desde adentro escuchábamos los gritos, los golpes afuera.
Él llamó a la policía. Minutos después, silencio. Los tipos se habían ido.

Ese hombre , ese desconocido , fue como un ángel esa noche. Nos salvó. Nos llevó al tren, y llegamos a casa.

No sería la última vez.

Me robaron varias veces en el metro. Grupos entraban de vagón en vagón buscando víctimas. Si te veían solo, te rodeaban y te revisaban los bolsillos. Perdí un Walkman, un reloj, los pocos dólares que ganaba en Wendy's. Era parte de la vida.

Una noche, saliendo de Wendy's en la calle 14 con Union Square, tomé el tren tarde — 12:30, 1 a.m. Cuando bajé en Central Avenue, vi a un tipo, quizá un poco mayor que yo, parado cerca de las escaleras. Me saludó con un "¿Quemas?". Yo le respondí, "¿Qué más?", de buena manera.

Él dijo:

"No. Que le pasa a usted?"

Me congelé.

"No tengo problema, hermano," dije.

Él me miró, sacó una pistola, acciono la corredera poniendo una bala en la recamara de el arma y me la presionó en el estómago.

El tiempo se detuvo. Sentí mi corazón queriendo salirse por la garganta.

No dijimos nada. Solo nos miramos. Y por razones que nunca entenderé, bajó el arma, la guardó y se fue.

Yo caminé a casa en silencio, pálido, temblando. No le dije nada a mis padres. No quería asustarlos. Solo se lo conté a un amigo, Frankie, quien dijo que sabía quién era el tipo. Después me contó que él y su hermano lo habían confrontado, quizá hasta peleado. Nunca supe la verdad.

Mirando atrás, solo puedo decir que Dios estaba ahí otra vez.

Como el hombre del garaje, como tantas veces antes — siempre estuvo ahí. No hay otra explicación de cómo sobreviví esos años.

La Nueva York de finales de los '80 era violenta, impredecible y cruel. Pero sobreviví — no porque fuera valiente, sino porque estaba protegido.

Después de tanto viaje en metro, tanta violencia y tanto estrés, mi mamá tomó una decisión que cambiaría mi vida: inscribirme en Bushwick High School, a cinco minutos a pie de casa.

Se convirtió en la mejor decisión que pudo haber tomado — la decisión que, de muchas maneras, me formó.

Fue ahí donde conocí a dos personas que cambiaron mi vida para siempre: Mi mejor amigo, Luis Martínez, que sigue siendo mi hermano hasta hoy, y mi entrenador de natación, el coach Richard "Richie" Sher.

**Bushwick High School**

Un día típico comenzaba afuera. La gente se reunía antes de la campana — música, risas. A diferencia de Richmond Hill, parecía que todos se llevaban bien. Muy pocas peleas, y cuando había, la regla era clara: "que sea justa, uno contra uno". Así, todos se respetaban más. También había una fuerte tendencia: muchos estudiantes fumaban marihuana antes de entrar a clase. Era como lo normal, y desde el primer día estuve expuesto a eso.

Íbamos a un punto en Palmetto Street, una casa vieja de dos pisos con un sótano. Ese sótano era un punto de marihuana. Tenía una puerta de acero con una pequeña ranura en el centro. Tocabas, alguien corría el seguro apenas lo suficiente para verte los ojos.
"¿Cuánto?" te preguntaban.
Metías el dinero por la ranura o por debajo, y unos segundos después, bolsitas de marihuana salían disparadas por un hueco al fondo.

Cinco dólares la bolsita.

Era un sistema — frío, rápido, eficiente.

Lo loco es que incluso la policía lo sabía. Pero en esa época, el enfoque estaba en el crack — no en la marihuana. La ciudad estaba inundada de "crack houses", "cheese lines" y adictos por todas partes. Los puntos de marihuana casi eran tolerados porque la guerra real estaba en los sótanos donde se vendía cocaína.

Más adelante supe que cuando la policía allanaba, solo podían pedir orden para el sótano — el único lugar donde podían probar que había ventas. Pero los dealers tenían su propia estrategia: cuando la policía empezaba a golpear la puerta, ellos subían por un pasadizo trasero, cerraban con llave y esperaban. A veces la policía encontraba droga, a veces no. Pero igual, el punto reabría en una semana como si nada.

Incluso entonces, yo observaba. No lo sabía, pero ya estaba estudiando la conducta humana — cómo operaba la gente, cómo funcionaban los sistemas, cómo respondía la policía. Lecciones que años después usaría como detective.

## Encontrando Mi Propósito

A pesar de todo ese caos, mi vida cambió dentro de una piscina.

Tenía natación en primer periodo, y mi profesor era el Coach Sher — un Marine, duro como el hierro, respetado por todos. No solo enseñaba natación; formaba hombres.

Al principio me drogaba con mis amigos antes de entrar a clase. Recuerdo un día en que me lancé al agua y, al empezar a nadar, no pude parar. Algo en el agua me hacía sentir libre — como si todo lo de afuera desapareciera. Coach Sher lo notó de inmediato.

Me llamó y me dijo:
"¿Alguna vez has pensado en unirte al equipo de natación?"

Me retó a presentarme a las 6 a.m. en la práctica. Fui — y ese día, todo empezó a cambiar.

Mi amigo Luis le dijo que yo quería ser salvavidas y resulta que el coach Sher era el director de salvavidas de todo el sistema de playas de la ciudad de Nueva York. Nos dijo que si entrenábamos duro y entrábamos al equipo, podíamos llegar a trabajar como salvavidas en el verano. Parecía un sueño — pasar de las calles de Bushwick a las playas de Rockaway o Coney Island.

Luis y yo nos unimos al equipo de Rockaway Beach. Amábamos las olas grandes, el desafío, el entrenamiento. Corríamos, nadábamos, hacíamos flexiones, barras — lo que los tenientes y jefes nos ordenaran. El coach Sher les había dicho que nos formáramos duro y lo hicieron.

Era implacable — estricto pero justo.

Si descansábamos demasiado, nos golpeaba la cabeza con la tabla o nos daba un toque en las piernas con un palo. Mantenía un cronómetro en la mano y medía cada vuelta. No había excusas. Exigía excelencia y disciplina, pero también nos daba propósito.

Nos enseñó a empujar más allá del dolor, a comprometernos con algo más grande que nosotros mismos, y a creer que sin importar de dónde viniéramos, podíamos convertirnos en algo grande.

Muchos de sus estudiantes se convirtieron en policías, detectives y militares. Algunos hicieron carrera como salvavidas durante todo el año. El coach Sher formó hombres en barrios rotos.

Hasta hoy, le doy gracias a Dios por haberlo puesto en mi vida.

Me dio dirección, estructura y fe en mí mismo cuando fácilmente pude haber tomado otro camino.

Siempre decía:
"La disciplina te salvará la vida mucho antes que la suerte."

Y tenía razón.

## Capítulo 3 – Convertirme en Soldado del Ejército de los Estados Unidos

Las lecciones que aprendí del Coach Sher iban mucho más allá de la piscina.

Él nos llevaba al límite—física, mental y emocionalmente. Su objetivo no era solo hacernos mejores nadadores; era hacernos hombres más fuertes. Solía decir que la fuerza no estaba solo en los músculos, sino en la mente.

Esa disciplina—levantarme temprano, correr, nadar en el frío, seguir adelante aun agotado—se convirtió en la base de mi vida. Fue la primera vez que alguien me mostró que el dolor podía convertirse en propósito. Viendo hacia atrás, me doy cuenta de que todo ese entrenamiento fue mi primera preparación para el servicio militar.

El Coach Sher nos dejó un mensaje muy claro:

"Si quieres avanzar en la vida, mantente físicamente en forma y mentalmente fuerte. El mundo no se desacelera por los débiles". También usaba mucho una frase de estilo militar: "El dolor es la debilidad saliendo de tu cuerpo".

Esas palabras se me quedaron grabadas. Cada verano se aseguraba de que entrenáramos como soldados. En ese momento no lo sabíamos, pero él estaba construyendo algo dentro de nosotros: resiliencia, orgullo y confianza.

Así que, cuando terminé el bachillerato, intenté la universidad.

Me sentaba en la primera fila, decidido a concentrarme y aprender. Pero después de seis meses me di cuenta de que no conectaba con eso. No entendía las materias. No me inspiraban. Cada día se sentía como si simplemente estuviera cumpliendo un requisito, perdiendo el tiempo.

Una tarde, sentado allí, pensé:
*Si no hago algo con mi vida ahora, no sé en qué terminaré.*

Y fue ahí cuando me cayó el rayo: seguiría el camino del Coach Sher.

Él había sido infante de Marina. Mi tío había servido en el ejército. Mi primo también. El servicio corría por la familia. Ahora me tocaba a mí devolver algo: representar a los míos y servir al país que nos había abierto las puertas, nos había dado esperanza y nos había permitido volver a soñar.

Así que, en 1995, me enlisté en el Ejército de los Estados Unidos.

**Fort Benning**

Cuando por fin me uní al Ejército, en el momento en que mis botas pisaron la tierra roja de Fort Benning, Georgia, supe que ya no estaba en el mundo normal. Fort Benning no era solo una base: era el hogar de la Infantería. El lugar donde el Ejército forjaba a sus guerreros. Rangers. Francotiradores. Paracaidistas. Air Assault. Lo mejor de lo mejor.

Desde el primer día, el mensaje fue claro:

Si te quiebras aquí, no perteneces a la Infantería.

Lo primero que vi fue disciplina pura: hombres moviéndose en formación con precisión de máquina, sargentos instructores gritando órdenes con voces lo suficientemente filosas como para cortar acero y el olor a sudor, polvo y aceite de fusil flotando en el aire. Me encantó. Yo quería ser parte de eso.

El entrenamiento básico en Benning no solo era duro: era otro universo.

Éramos el núcleo del Ejército de los Estados Unidos.

Los "boots on the ground".
Los que ponen las botas en la tierra.

La mayoría de los sargentos instructores asignados allí eran de élite: "Ranger tabs", Combat Infantry Badges, alas de paracaidista, alas de Air Assault—verdaderos guerreros que llevaban el uniforme como armadura. Uno los veía perfectamente presentados antes de que nosotros siquiera nos despertáramos, y seguían de pie mucho después de que nos desplomáramos en las camas.

Yo no sé cuándo dormían.

No sé cuándo veían a sus familias.

Lo único que sabía era que lo daban todo para moldearnos como soldados… y nosotros apenas podíamos seguirles el ritmo.

Y entonces pasó algo—algo que todavía no sé cómo explicar.

Una mañana, durante formación, lo vi.

Un sargento instructor que al principio no reconocí. No era parte del staff diario de nuestro pelotón—era más bien uno de esos sargentos que rotaban entre varias unidades de entrenamiento de infantería.

Pero había algo en él.

Algo familiar.

Más adelante sabría exactamente quién era.

En ese momento, solo era el Sargento Instructor Bailey—rasgos marcados, postura firme, ojos verdes penetrantes, la cara manchada de camuflaje. El tipo de soldado que uno mira y sabe de inmediato que ha visto cosas de las que muchos hombres nunca regresan.

Bailey no era cualquiera.

Llevaba en su uniforme las insignias como la Combat Infantry Badge ( Insignia Veterano de Combate en la Infantería) el más prestigiado en todo el ejercito

Alas de paracaidista.

Un "Ranger tab". (el equivalente de Lanceros en Colombia, los americanos ayudaron al ejército de Colombia a crear la escuela basada en la escuela de Ranger de Ft. Benning, Georgia).

Y un "Special Forces tab" (las boinas verdes)

Un currículum escrito en sangre, sudor y geografía.

Antes de las corridas matutinas, daba dos o tres aspiradas al cigarrillo, lo tiraba al piso y rugía:

—¡DOUBLE TIME... MARCH!

Y arrancaba a correr, reventando a todo el pelotón, dejándonos atrás, a veces con el cigarrillo todavía entre los dedos.

Por la noche escuchábamos el trueno de su Harley-Davidson al entrar por el área de la compañía. La parqueaba como si el mundo le perteneciera y, en ocasiones, nos despertaba a las dos de la mañana para ejercicios sorpresa. Flexiones, arrastradas, cuclillas—cualquier castigo que él sintiera que nos haría mejores. Algunos reclutas lo odiaban. Yo no.

Yo lo admiraba.

Me recordaba al Coach Sher—el mismo fuego, la misma negativa a aceptar algo que no fuera excelencia.

Pero el verdadero impacto llegó unas semanas después.

Nos llamaron uno por uno a la oficina de Sargentos Instructores para hacer pruebas—órdenes generales, funcionamiento de armas, primeros auxilios, cadena de mando. Sin excusas. Sin misericordia.

Esa tarde entré a la oficina para mi turno. Bailey no estaba en el cuarto. Otro sargento estaba haciendo el examen. Yo estaba en posición de firmes, respondiendo lo mejor posible.

Entonces miré hacia arriba.

Y me quedé frío.

En la pared...

El afiche.

El mismo póster del Ejército que yo tenía colgado en mi cuarto en Nueva York.

La misma cara.

Los mismos ojos verdes penetrantes.

El mismo patrón de camuflaje.

El sargento se dio cuenta de que yo me quedé mirando.

¿Reconoces a ese tipo? —me preguntó.

Tragué saliva.

No, mi sargento.

Él sonrió de lado y dijo:

Ese es el Sargento Instructor Bailey—exinstructor de la Escuela de Francotiradores aquí en Fort Benning.

El pecho se me apretó.

Por un momento, todo alrededor se quedó en silencio.

El hombre cuya imagen había mirado durante meses…

El hombre que me inspiró a enlistarme…

El hombre en el que yo me visualizaba…

era ahora el mismo hombre que me estaba entrenando, gritando, empujando, moldeando.

De entre miles de sargentos instructores en el Ejército de los Estados Unidos…

me tocó él.

Cuando salí de esa oficina, no dije ni una palabra.

Solo dejé que el impacto se asentara.

Y en ese silencio, entendí algo que me ha acompañado toda la vida:

Dios no solo nos protege—nos guía.

Alinea momentos, personas e incluso afiches para prepararnos para lo que Él ya sabe que viene.

Más adelante en mi vida entendí algo todavía más profundo:

La visualización funciona.

Cuando sostienes una imagen en tu mente—cuando la crees, la reclamas, la ves como tuya—la vida encuentra la forma de alinear tu camino para que te encuentres con ella.

Esa fue mi primera gran lección sobre fe, propósito y enfoque.

Y la aprendí a través de un póster…
una casualidad que no era casualidad…
y un soldado llamado Bailey que se convirtió en mentor sin siquiera saberlo.

**Convertirme en Scout**

Mi tiempo en el Ejército de los Estados Unidos fue corto pero significativo. Serví de 1995 a 1998—un periodo sin grandes conflictos.

Aunque no había guerra que pelear, cada día en uniforme se trataba de preparación: ser más agudo, más rápido, más fuerte y más disciplinado.

Entrené duro, llevándome más allá de límites que ni sabía que tenía. Las millas que había corrido en las playas, la natación, el acondicionamiento físico—todo eso me daba ventaja. En básico me di cuenta rápido de que podía correr más que la mayoría del pelotón y que mi resistencia estaba en otro nivel comparado con muchachos de mi edad. Ese empuje físico me abrió puertas que nunca imaginé.

Un día, el hombre que cambió la trayectoria de mi carrera apareció en nuestra compañía: el Sargento Kolodesky.

No era el típico suboficial de infantería de línea.

Venía directamente de un batallón Ranger—algo casi inaudito—y de repente estaba asignado a un pelotón normal. Todos sabíamos que había algo raro. Los tipos Ranger no los tiran en cualquier unidad así como así, a menos que estén en una misión. Y él lo estaba.

Se estaba preparando para algo más grande.

Se le notaba en los movimientos, en la manera de entrenar, en la intensidad que cargaba.

Los fines de semana, mientras el resto trataba de recuperarse, Kolodesky estaba allá afuera marchando solo por la carretera con una mochila tan pesada que podría quebrar a una mula. Sus sesiones de PT (Physical Training) eran legendarias. Solo nos sacaba una vez por semana, pero una vez bastaba. Le pusimos el nombre de "Sky PT"—un tributo a su apellido y al hecho de que sus entrenamientos te hacían ver el cielo si no estabas listo.

Corridas más largas. Ritmos más rápidos. Dominadas sin fin.

Y él lo hacía todo como si el cuerpo no le doliera.

Tenía una cicatriz enorme alrededor del cuello—de esas que hacen que todo el mundo mire, pero nadie se atreve a preguntar. Un día, casual, explicó que venía de un accidente después de cientos de saltos en paracaídas. Aseguraba tener más de mil saltos y, cuando los soldados jóvenes se caían en las corridas o se quejaban, él negaba con la cabeza y gruñía:

—Si yo puedo correr, tú puedes correr.

Era duro como el concreto—el tipo de suboficial que aparece una vez en una generación.

Por razones que todavía no entiendo del todo, me agarró cariño. Tal vez porque yo podía seguirle el paso. Tal vez porque mi disciplina le recordaba sus primeros años. Tal vez porque las corridas de playa y la natación me habían convertido en una máquina sin que yo mismo lo supiera.

Cada vez que pasaba cerca, me lanzaba la misma pregunta:

—Mahecha… ¿cuándo vas a ir a Ranger School?

Yo me reía. Eso, según yo, no era para tipos como yo.

Pero él seguía insistiendo.

Hasta que un día dejó de preguntar. Me paró en seco.

Me miró directo a los ojos y dijo:

—Tú tienes que irte con los Scouts.

Viniendo de un hombre como él, eso no era una sugerencia.

Era una orden.

Y yo la seguí.

El Scout Indoctrination Program era un crisol—una selección brutal diseñada para romper mentes débiles y cuerpos frágiles. Pero la pasé. Gané mi puesto en el pelotón Scout. Y eso pasó porque él vio algo en mí que yo todavía no veía del todo.

Y así como dejó nuestra compañía de línea para irse con los Scouts, pronto volvió a irse—esta vez para perseguir el sueño para el que llevaba años preparándose. Se fue para el Q Course, el Special Forces Qualification Course, el curso que convierte a un soldado en un Boinas Verdes del Ejército de los Estados Unidos. Es uno de los entrenamientos militares más duros y selectivos del mundo. Antes de siquiera tocar el Q Course, un soldado tiene que sobrevivir a SFAS (Special Forces Assessment and Selection), una evaluación de varias semanas diseñada para aplastar a cualquiera que no sea mental y físicamente indestructible.

Y él no solo lo pasó—lo destrozó.

Durante el entrenamiento, se ganó el apodo de "The Terminator" por su tenacidad, su negativa a rendirse y la manera en que pasaba por encima de cada obstáculo como si el dolor no existiera en su vocabulario. Y eventualmente se convirtió en lo que siempre supo que sería:

un Boinas Verdes del Ejército de los Estados Unidos.

Hasta hoy, pienso en lo imposible que parecía estar rodeado de hombres como él—y en lo afortunado que fui de que alguien así me mirara y me empujara hacia algo más grande. Cambió toda la dirección de mi carrera con una sola frase:

—Entra a los Scouts.

A veces eso es todo lo que hace falta—un momento, un líder, una voz que ve grandeza en ti mucho antes de que tú la veas.

Así que me ofrecí como voluntario para unirme al pelotón Scout dentro de mi brigada de infantería. Para ganarme ese lugar, tuve que pasar por el Scout Indoctrination Program (SIP)—un proceso de selección brutal diseñado para probar tanto el cuerpo como la mente.

Cuando entrabas a ese programa, te quitaban el rango y te trataban como a un recluta nuevo. Tenías que ganarte tu lugar entre hombres que ya se habían probado. Era una experiencia humillante—días larguísimos, noches sin dormir, marchas forzadas y presión mental constante. Solo un puñado de soldados lo lograba.

Por la gracia de Dios, yo fui uno de ellos.

Me asignaron al Headquarters Platoon, 1st of the 502nd Infantry Brigade, como soldado de reconocimiento Scout. Fue uno de los logros más grandes de mi vida. La hermandad, la disciplina, la precisión—era todo lo que yo había admirado de niño al ver fotos de soldados en revistas y pósters.

Durante mi tiempo de servicio, obtuve mi Expert Infantry Badge y mis alas de Air Assault. Entrené para la guerra todos los días—pero el mundo estaba en paz, al menos por un breve momento. Entrenamos para algo que nunca llegó. No fue decisión mía, pero entendí que Dios tenía otros planes.

Porque aunque no fui a combate, el Ejército ya me había preparado para otro tipo de campo de batalla: las calles de la ciudad de Nueva York.

Era hora de una nueva misión.

Un nuevo uniforme.

Un nuevo llamado.

Convertirme en policía.

## Capítulo 4 – Academia de la NYPD

Nunca se olvida el día en que se levanta la mano derecha y se jura como Policía de la Ciudad de Nueva York.

Ese momento permanece para siempre: todos firmes, vestidos de traje en Queens College, sin uniforme, sin saber realmente lo que el futuro traerá en la ciudad que nunca duerme, con el peso del juramento hundiéndose en lo más profundo del alma.

Los instructores estaban de pie frente a la clase, con voces que resonaban en todo el salón. Uno de ellos dijo:

"Bienvenidos al espectáculo más grande del mundo".

La frase venía del antiguo circo de Barnum & Bailey, pero en este contexto tenía otro significado.

Porque no se estaba entrando a un show, la realidad era que iba a ser testigo de toda la locura de la ciudad que nunca duerme.

En la ciudad de Nueva York se observa lo mejor del ser humano, lo peor y todo lo que existe entre ambos extremos.

La preparación no era para responder a celebraciones, sino a crisis: esos instantes en los que la vida de una persona se derrumba. A los policías no los llaman cuando todo marcha bien; los llaman cuando todo se ha roto.

Se estaba a punto de ingresar a un mundo donde lo bueno, lo malo y lo inimaginable conviven.
A un mundo donde la gente pide ayuda porque alguien que ama ha sido herido.
Donde se ingresa a hogares cargados de dolor, pérdida o miedo.
Donde víctimas, criminales, héroes y sobrevivientes se encuentran en el mismo día.

Eso significaba aquella frase sobre "el espectáculo más grande del mundo": no fama ni gloria, sino presenciar la vida en su forma más cruda y real. Sin filtro. Sin guion. Sin olvido posible.

## Transit District 20

El primer comando asignado fue el Transit District 20, sede del Transit Queens Task Force, ubicado en Briarwood, Queens, cerca del tribunal. Era un destino perfecto: próximo al hogar y también a la acción.

En la Academia se llenaba un formulario conocido como *Dream Sheet*, donde cada recluta anotaba las unidades o precintos deseados. El nombre tenía su razón: la mayoría no obtenía lo que soñaba. De cuatro opciones, fácilmente podía llegar la última.

Transit (patrullaje en los trenes) fue la primera selección.
Y, por algún milagro —o quizá por favor divino—, se concedió.

Para completar, el comando quedaba a cuadra y media del lugar de residencia. Cada día se caminaba al trabajo, aunque lo paradójico era que, a pesar de vivir más cerca que cualquier otro, la llegada solía ser tarde. La salida era apresurada, ajustando la camisa y el cinturón de dotación mientras se bajaba corriendo por la cuadra.

La primera asignación fue Patrulla Uniformada, casi siempre en un puesto de dos policías. Con frecuencia tocaba cubrir la estación Roosevelt Avenue–Jackson Heights, una de las más congestionadas de Nueva York. Tenía de todo: los trenes E, F, 7, G y R, algunos elevados, otros profundos bajo tierra. Millones de personas circulaban por ese lugar. Era ruidoso, caótico, ardiente más de 110 grados en ciertos días pero estaba vivo.

En el mundo de Transit se decía que era "el secreto mejor guardado" de la NYPD. Y no era mentira. El trabajo era único: una mezcla de autoridad, servicio al público y cercanía con la comunidad. En un momento se ayudaba a un turista perdido; al siguiente, se atendía un robo en curso. En el subsuelo de la ciudad, la policía representaba la seguridad.

En esa época, la cuota mensual —llamada "actividad"— era de diez comparendos y dos arrestos. Pero la juventud, la energía y las ganas de trabajar no permitían conformarse con el mínimo. Algunos meses se cerraban con cuatro, cinco o más arrestos.

Eso llamó la atención.
Y no a todos les agradó.

Una tarde, un delegado del sindicato, veterano con más de veinte años de servicio, que llevaba un pequeño dinosaurio verde como símbolo de antigüedad— se acercó y dijo:

"Muchacho, bájele. Si continúa así, van a empezar a exigir lo mismo del resto... y no lo vamos a hacer".

No hubo ofensa. Se comprendía. Aquellos hombres habían sobrevivido lo peor de los 70 y 80: disturbios, tiroteos y una ciudad al borde de la bancarrota. Se habían ganado el derecho a un ritmo más suave. Pero detenerse no estaba en los planes.

El teniente percibió la energía —y la tensión que estaba generando—, y en privado comentó:

"Sé que quiere trabajar. Así que vamos a ubicarlo donde realmente pueda hacerlo".

Días después llegó la transferencia a *Anti-Crime*, una unidad de civil dedicada a robos, armas y delitos violentos.

Esa decisión cambió el rumbo profesional.

Fue la primera oportunidad de trabajar sin uniforme, mezclado entre la gente.
Era el inicio de un nuevo capítulo que, con el tiempo, llevaría al mundo encubierto de Narcóticos y a una carrera que se extendería por dos décadas.

## Trabajo de civil vs. trabajo encubierto

Muchas personas confunden el trabajo de civil (*plainclothes*) con el trabajo encubierto (*undercover*), pero no son lo mismo.

Cuando se trabaja de civil, se sigue siendo un policía visible, solo que sin uniforme.

Se usa ropa común — jeans, buzos, chaquetas — pero por debajo todavía se lleva el chaleco antibalas, especialmente en invierno. Se porta la placa y el arma, y se opera con el equipo. Se responden llamados de radio, se realizan arrestos y se ejecutan labores de control.

Trabajando de civil, se sigue siendo policía, simplemente no se parece uno a uno. Se está entre la multitud, observando a quienes buscan aprovecharse de otros. Se patrullaba constantemente los trenes buscando carteristas o *lush workers*, esos individuos que esperaban a los pasajeros borrachos o dormidos tarde en la noche, les cortaban discretamente el bolsillo o la maleta y les sacaban la billetera antes de que el tren llegara a la siguiente estación.

Las jornadas podían pasar enteras montados en los trenes, cambiando de vagón, de línea, de estación. El trabajo consistía en ser invisible… hasta el momento de actuar. Y cuando se hacía el arresto, la cubierta desaparecía: desde ese instante, todo el mundo en esa zona sabía quién era uno. La noche siguiente, si se regresaba a la misma estación, ya se escuchaban los murmullos: "Ese es el policía".

Trabajar de civil exigía agudeza, velocidad y estar preparado para cualquier cosa. En cuestión de segundos se podía pasar de observar a un carterista a correr tras un sospechoso por unas escaleras. Se seguía siendo una presencia visible de autoridad, solo disfrazada. Se operaba bajo el escudo de la NYPD, se firmaba la entrada en el comando, y todos conocían el nombre y la asignación de cada miembro.

El trabajo encubierto era algo completamente distinto.

Ser encubierto significaba convertirse en otra persona. El nombre, la identidad e incluso la documentación asociada cambiaban. No se firmaba entrada en ningún comando. No había locker ni horario. Se vivía bajo un conjunto completamente diferente de reglas y, en muchos casos, ni siquiera el propio departamento sabía con exactitud quién era uno o dónde estaba.

Cuando se trabajaba encubierto, no había chaleco, ni radio, ni respaldo inmediato. Se estaba completamente solo, entrando a viviendas, proyectos o *trap houses* para comprar drogas o armas a personas que no dudarían en disparar si sospechaban algo. No existía un botón de "pausa" si las cosas se complicaban.

Por eso, cada vez que alguien llamaba "encubierto" a un policía de civil, algo incomodaba por dentro.

No por arrogancia, sino por respeto a la diferencia.

Porque el verdadero trabajo encubierto no consistía únicamente en arrestar personas.

Consistía en sobrevivir, día tras día, en un mundo que no sabía que uno era policía.

Por eso siempre era importante dejar ese punto claro. La primera asignación había sido de civil, y allí se aprendió a observar, a adaptarse y a pensar como las personas que algún día habría que infiltrar.

**Unidad Anti Crimen de civil**

Trabajar de civil en Transito (en los trenes) significaba una sola cosa: ser proactivo.

La mayoría de policías uniformados eran reactivos; respondían a llamados luego de que algo ya había ocurrido.

Nuestra labor era distinta.

Éramos quienes salíamos a cazar el delito antes de que sucediera.

Cada día se recorrían los trenes buscando patrones — rostros, comportamientos, pequeños detalles que no cuadraban. No se estaba en un patrullero esperando una llamada al 911; ya se estaba en el lugar, moviéndose entre la multitud, observando desde las sombras del subsuelo.

Se atendía de todo: carteristas, robos en progreso, personas haciendo grafiti — y en esa época había bastante. Algunos delincuentes se especializaban en *scratchiti*, usando piedras, lija o incluso ácido para marcar los vidrios de los trenes. La MTA gastaba millones al año tratando de limpiar eso, y era nuestra tarea atraparlos en el acto.

También se recibía entrenamiento especial para navegar los túneles — no solo para patrullar, sino para perseguir sospechosos.

Si un individuo huía, había que saber desplazarse por el laberinto oscuro bajo la ciudad. Existían rutas de escape, plataformas laterales e incluso túneles ocultos que la mayoría desconocía. Algunos se extendían por millas y conectaban estaciones que nadie imaginaría relacionadas.

Allá abajo existía otra Nueva York: un mundo subterráneo que casi nadie conocía.

Había comunidades enteras de personas sin hogar viviendo bajo tierra. Algunos construían habitaciones improvisadas en secciones abandonadas del sistema, conectando cables para robar energía de los circuitos de las vías. Vivían allí permanentemente, saliendo solo de madrugada para buscar comida.

La NYPD tenía una unidad especializada para ayudar a esas personas, pero aun así la escena era desgarradora. Algunos se negaban a abandonar los túneles. Ese lugar se había convertido en su hogar.

Además de prevenir delitos, también se ejercía control sobre infracciones de calidad de vida — como atrapar evasores del pasaje, quienes saltaban torniquetes o se metían por puertas laterales. A veces se hacían operativos completos en estaciones con alto índice de *theft of service*.

Los veteranos tenían técnicas legendarias.

Algunos llevaban treinta o cuarenta llaves en el cinturón — con acceso a casi cualquier cuarto de mantenimiento, bodega o espacio de servicio en el sistema. Se escondían en cuartos diminutos cerca de las taquillas, mirando por orificios que ellos mismos perforaban. Desde allí vigilaban a quienes intentaban colarse. Apenas alguno saltaba, salían de inmediato, lo sujetaban y realizaban el arresto.

Era la policía de la vieja escuela: ruda, ingeniosa, cercana.

Sin computadores, sin bodycams, sin tecnología avanzada — solo instinto, observación y trabajo duro.

Trabajar en los trenes enseñaba a leer a la gente: sus movimientos, sus gestos previos al delito. Era como estudiar el comportamiento humano en vivo. Y cada vez que se pisaba una plataforma, una sola cosa era segura: allá abajo, cualquier cosa podía suceder.

## El compañero Rasmussen y la realidad subterránea

El compañero de trabajo se apellidaba Rasmussen, y era distinto. Joven, enérgico y con hambre de trabajar, muy similar a lo que yo era en ese momento. Ambos queríamos marcar la diferencia, y ninguno sabía bajar la velocidad.

Se hacía un arresto, se procesaba en el comando, se llevaba al detenido a Central Booking, y acto seguido se volvía al tren. Se reportaba "10-98", de regreso al servicio, y antes de terminar la noche probablemente se hacía otro arresto. Ese era el ritmo. Era adictivo.

En Transit siempre había horas extras para quienes se mantenían activos, y no había quejas. La motivación era trabajar, limpiar los trenes, recuperar el sistema del caos que había consumido a Nueva York en esos años.

Había una unidad llamada HEAT — *High Enforcement Arrest Team*. Eran parecidos a nosotros, pero su enfoque era otro: se especializaban en lo que llamábamos *PiPi collars* — arrestos por actos lascivos o exposición en los baños de los grandes centros de tránsito.

En Nueva York, un arresto se llamaba "collar". Ese término llevaba generaciones en la policía — desde los 1800s. Nadie sabía exactamente cuándo comenzó, pero se decía que venía de los tiempos en que los policías literalmente agarraban al detenido por el cuello de la camisa. Y así quedó. Años después, seguía siendo parte del idioma del trabajo.

En Transit, un *PiPi collar* era un arresto por exhibicionismo o actos sexuales públicos. Los de HEAT hacían decenas a la semana, especialmente en estaciones grandes. Conocían cada rincón, cada patrón. Era un trabajo sucio, pero alguien tenía que hacerlo.

Lo que muchos desconocían era que este problema era real. No era algo esporádico — era constante. En lugares como Times Square, 42nd Street o Grand Central, prácticamente se había convertido en una subcultura.

Entrar a uno de esos baños era ver una escena difícil de creer.

Desconocidos parados hombro a hombro frente a los urinarios, comunicándose con miradas, y luego entrando en actos sexuales allí mismo, en público. Había incluso personas que servían como vigías, dedicados exclusivamente a avisar si se acercaba un policía.

En una ocasión, con Rasmussen, entramos a un baño y había 10, quizá 15 hombres de pie, observando, mientras 3 o 4 estaban involucrados en actos indecentes. Era inquietante y confuso, no solo por lo que hacían sino por quiénes eran: profesionales, doctores, abogados, incluso hombres casados. Uno, al ser detenido, mostró su placa policial y dijo: "Está bien, yo también tengo una".

No era fácil procesarlo. Pero era la realidad de la ciudad: oscura, compleja y, a veces, desgarradora.

Una noche se arrestó a un hombre con una riñonera llena de frascos de medicamentos. Durante el registro dijo ser VIH positivo y admitió mantener relaciones con desconocidos en esos baños. Ese momento dejó claro cuán destructiva podía ser esa conducta.

Era uno de los rincones más feos del sistema subterráneo — un cruce de debilidad humana, adicción y desesperación.

**Persiguiendo números**

En la unidad de Anti-Crime, todo giraba en torno a una cifra.

Rasmussen y yo queríamos ser los mejores — el equipo con más arrestos. No por ego, sino para comprobar que podíamos superar a cualquiera en trabajo y dedicación.

Se trabajaba sin pausa. Día y noche en los trenes, siempre en movimiento, siempre buscando. Se hacía un arresto, se procesaba, se dejaba al detenido en Central Booking, y antes de que la tinta del papeleo secara, ya se estaba de nuevo en el tren, reportando 10-98.

Ese año, la intensidad se llevó al límite.

Al final del año, comparando números, noté algo increíble: estábamos a punto de superar los 100 arrestos cada uno. Eso era casi inédito incluso para unidades de civil. Y lo logramos.

Terminé con alrededor de 106 arrestos — ciento seis *collars* en un solo año.

Fueron muchas horas, muchas noches, mucho sudor, y una cantidad interminable de tiempo respirando la mezcla de polvo de freno, calor y aire cargado que tenía el subsuelo de Nueva York. Pero ese trabajo llamó la atención.

Un día se acercó un sargento llamado George Scagnamiglio. Era el jefe de la Unidad de Carteristas y llevaba tiempo observando mi trabajo. George era un policía sólido: agudo, paciente y respetado. Sabía que yo era colombiano, escuchaba el acento y le gustaba mi ojo para los detalles. Dijo:

"Tenemos dos cupos en la Unidad de Carteristas. ¿Por qué no solicita uno?"

Me congelé por un instante. Ya había visto a ese equipo antes. Se movían distinto. Siempre tranquilos, siempre observando. No entendía totalmente su trabajo, pero sabía que exigía precisión, disciplina y paciencia.

Algo dentro decía que ese era el siguiente paso.

Solicité el traslado.
Y me lo dieron.

Ahí fue donde todo cambió.

La Unidad de Carteristas era otro mundo. No se trataba solo de arrestar, sino de estudiar el comportamiento humano. Cada movimiento contaba, cada mirada, cada gesto, cada roce extraño. Aprendí a detectar microcomportamientos — esos detalles que casi nadie percibe.

En ese momento no lo sabía, pero esas habilidades — observar, tener paciencia, mezclarse entre la gente estaban preparando el camino para algo mucho mayor.

Estaban preparando el camino para el trabajo encubierto.

**El Arte de la Observación**

George sabía que yo era colombiano.
La mayoría de la gente pensaría que eso no importaba, pero en el mundo de los carteristas en la ciudad de Nueva York, especialmente en Queens, hacía toda la diferencia.

La realidad era sencilla: la mayoría de los carteristas profesionales eran de Suramérica — sobre todo de Colombia, Perú y Chile. Y dentro de ese círculo, los colombianos eran considerados los mejores.
En especial los de Bogotá.

No eran ladrones al azar. Eran gente entrenada.

Después supe que en Bogotá existían escuelas — lugares donde las personas iban a aprender a ser mejores carteristas. Practicaban con maniquíes, en buses llenos, en plazas de mercado. Convirtieron el hurto en un oficio — una profesión. Y cuando algunos de ellos llegaban a Nueva York, traían ese nivel de habilidad con ellos.

En un momento dado, el NYPD incluso consideró crear una "South American Task Force" (grupo contra suramericanos) solo para perseguirlos. Pero la política se atravesó en el camino. No querían un nombre que sonara discriminatorio, así que lo cambiaron. Aun así, todo el mundo dentro del Departamento sabía la verdad: si se cazaba carteristas profesionales, la mayoría de las veces se perseguía a suramericanos.

Cuando ingresé a la Unidad de Carteristas, entré a un mundo nuevo — uno que exigía paciencia, disciplina y un nivel de observación casi quirúrgico. Ya no se trataba de correr y perseguir. Se trataba de mirar.

Los carteristas trabajaban en equipo, y cada persona tenía un papel específico — como una orquesta.

A menudo usaban mujeres como parte del montaje, porque la gente baja la guardia de manera natural frente a una mujer. Una mujer podía chocarse "accidentalmente", sonreír o hacer una pregunta inocente. Otra se colocaba al lado de la víctima con una cartera grande — no por moda, sino para ocultar la vista de lo que realmente estaba pasando.

El "booster" principal, el ladrón más experimentado, era el que metía la mano en el bolsillo o en el bolso. Los otros eran los bloqueadores, los empujadores y los campaneros. Cada movimiento estaba coordinado. Uno distraía, otro empujaba a la víctima para generar contacto, otro metía la mano y sacaba la billetera, y de inmediato alguien más recibía el objeto robado para crear distancia.

Era un baile.
Un ballet criminal y peligroso, representado todos los días en vagones llenos durante la hora pico.

Les encantaba la hora pico, porque los trenes iban tan llenos que la gente quedaba apretada como sardinas.

El movimiento del metro jugaba a su favor — el vaivén lateral, los frenazos bruscos, las puertas atestadas.

La mayoría de las personas tenía una mano agarrada del tubo metálico — los "pipes", como los llamábamos — y la otra ocupada sosteniendo bolsos o teléfonos.

Ahí era cuando los equipos atacaban.

Los campaneros se ubicaban cerca de las salidas, fingiendo que miraban su estación mientras en realidad escaneaban en busca de policías. Los bloqueadores y empujadores se metían en la multitud y el booster hacía su trabajo — suave, rápido, quirúrgico.

Para poder atraparlos, había que convertirse en uno de ellos.

Cambiábamos nuestra apariencia constantemente — chaquetas distintas, gorras diferentes o, a veces, atuendos completamente nuevos. Algunos días me vestía como obrero de construcción, otros días como empleado de oficina. Había que mezclarse tan bien que nadie, ni siquiera otro policía, sospechara quién era uno.

No se podía parpadear.
Todo ocurría en segundos.

No se trataba solo de sorprender a alguien en el acto — se trataba de verlo antes de que ocurriera.

Fue en ese punto donde realmente aprendí el arte de la observación mirar el comportamiento humano, el lenguaje corporal y el ritmo de la calle.

## Más Allá de los Trenes — La Red

Los carteristas no trabajaban solo en el metro. Tenían todo un ecosistema — y una vez se aprendía a leerlo, se podía predecir su próximo movimiento.

Uno de sus lugares favoritos eran las zapaterías — tipo Payless y tiendas similares. La operación era simple y brillante: la víctima se sentaba en una banca, se quitaba los zapatos, abría la caja y dejaba su bolso al lado. Mientras la víctima se inclinaba para medirse los zapatos, el equipo entraba en acción: una persona preguntaba por la talla o mostraba otro par para distraer; otra deslizaba el bolso dentro de la caja que sostenía en las manos y se iba a otro pasillo; una tercera persona sacaba el bolso de la caja y salía de la tienda. Para cuando la víctima se daba cuenta, el grupo ya estaba lejos y las tarjetas y documentos robados ya estaban siendo usados por alguien más para hacer compras.

Tenían apartamentos y "stash houses" donde se almacenaban y redistribuían las cosas robadas. Era una red — joyas, efectivo, fraude con tarjetas de crédito y más — todo moviéndose como una pequeña economía criminal.

Atacaban a quienes estuvieran distraídos: ancianos, padres con niños, clientes en supermercados, cualquiera cuya atención estuviera en otra parte. La estafa de la lotería era especialmente cruel: una banda se acercaba a una persona mayor con lo que parecía ser un tiquete ganador — a veces uno que habían comprado el día anterior y al que le cambiaban la fecha — y la convencía de cobrarlo o de guardar el tiquete "por seguridad", para luego repartirse el dinero. Aprovechaban las barreras culturales y de idioma, especialmente en comunidades inmigrantes donde las víctimas eran menos propensas a denunciar o a colaborar con la policía.

Después de la hora pico, las bandas no desaparecían — se movían. Atacaban en restaurantes, bodegas, Chinatown, supermercados en Coney Island y Flushing, y en el Distrito de Diamantes en Manhattan. Empezamos a ver a los mismos equipos — las mismas caras — en todas partes. Pasaron de hacerse simples abridores de bolsillos a montajes con joyas, estudiando a los mensajeros que transportaban cajas de diamantes a DHL u otros puntos de entrega. Cuando el mensajero entregaba el paquete a alguien o iba al baño, el grupo intervenía. De hecho, hice un arresto relacionado con una entrega de diamantes más adelante en mi carrera — pero la inteligencia para ese caso comenzó aquí, siguiendo a esos equipos.

A medida que los seguíamos, nuestro trabajo cambió. Detectives de Brooklyn y Manhattan empezaron a llamarnos con fotos de vigilancia y videos. Como nosotros éramos quienes veníamos monitoreando a las bandas, podíamos unir los puntos. Identificábamos dónde comían (panaderías donde los colombianos paraban por café y pan de queso), dónde parqueaban (muchas veces con placas de otros estados), sus carros, sus sitios de almuerzo — incluso las casas donde se reunían para recolectar lo robado. Observábamos sus rutas, horas de encuentro, quién recibía la mercancía y quién cambiaba las tarjetas.

Lo que empezó como identificar carteristas en los trenes terminó convirtiéndose en la construcción de inteligencia real sobre una red organizada. Los detectives empezaron a venir a nosotros en busca de respuestas. Nos convertimos en el equipo de referencia para información sobre carteristas y redes de joyas robadas, y esa experiencia más adelante alimentaría casos en la Organized Crime Control Bureau. (Unidad de Control de Crimen Organizado)

### La Escuela de las 7 Campanas

Uno de los casos que más se quedó grabado en mi memoria fue el de una mujer mayor a la que seguí una tarde.

Tendría unos sesenta y cinco, tal vez setenta años, y a primera vista parecía inofensiva — como la abuelita de cualquiera dando un paseo. Pero la forma en que se movía me llamó la atención. No estaba comprando. Estaba "cazando".

La observé seguir de cerca a una mujer china dentro de un almacén grande, acercándose cada vez más, fingiendo que miraba la mercancía. Me mantenía a distancia, vigilando sus manos, sus ojos, sus tiempos. Hasta que lo vi — el golpe.

Le sacó la cartera del carro de compras en un solo movimiento limpio y empezó a caminar como si nada. Me acerqué rápido.

"¿Qué está haciendo con ese bolso, rata?", le dije, mientras le quitaba la cartera de la mano y le mostraba mi placa, que colgaba de mi pecho.

Se quedó congelada. La cara se le puso pálida, y cuando bajé la mirada, vi que se había orinado. Ahí mismo, en el piso.

Por un segundo, no supe si sentir lástima o repulsión. Pero no era una viejita perdida. Era una ladrona profesional.

La esposé y le registré el bolso. Adentro ya llevaba más de 600 dólares en efectivo, lo que me decía que había robado a al menos dos o tres víctimas ese mismo día. No se resistió, no mintió — de hecho, empezó a hablar. Tal vez porque yo también era colombiano.

Me dijo que llevaba más de cuarenta años como carterista — en Colombia y ahora en Estados Unidos.

Ya en el precinto, durante el interrogatorio, me soltó algo que me dejó frío.

"Yo estudié en la Escuela de las siete campanas", dijo.

Nunca había oído hablar de eso. Entonces me explicó.

Era una escuela en Bogotá, Colombia — un centro de entrenamiento para carteristas profesionales. Le amarraban siete campanas a un voluntario y escondían cosas de valor en los bolsillos. El objetivo era sacar cada objeto sin hacer sonar ni una sola campana. Si sonaba una, se perdía. Solo se "graduaba" quien lograra despojar a la persona por completo, sin producir ni un ruido.

Ese era el nivel de profesionalismo.

Al final, ella aceptó un preacuerdo y cumplió alrededor de tres años de cárcel. Nunca la volví a ver, lo cual era raro — la mayoría de los demás salían en cuestión de meses, regresaban a los trenes y volvíamos al mismo juego del gato y el ratón.

Las bandas empezaron a conocerme. Incluso me pusieron un apodo: "Juan Diablo".

Decían que venía de una novela colombiana sobre un tipo con ese nombre. Nunca la vi, pero el apodo se quedó.

Llegó un punto en que tenía que cambiar de apariencia constantemente. No podía entrar a tiendas ni seguir sospechosos sin que me reconocieran. A veces me quedaba en el carro y mandaba a otro miembro del equipo en mi lugar.

Uno de mis socios, Zeledón, una vez se vistió como una mujer árabe — con velo y todo — para entrar a las tiendas sin llamar la atención. Era bajito y podía lograrlo. Ese disfraz funcionó tan bien que nos llevó a otros arrestos.

Ya que estamos hablando de disfraces, en otra ocasión estábamos observando a una mujer, cubierta de pies a cabeza, vestida igual, moviéndose de manera extraña dentro de un Payless. Le hacía señales con la mano a un hombre afuera que tenía pinta inconfundible de colombiano.

Sabía que algo no cuadraba. ¿Por qué una mujer supuestamente del Medio Oriente le estaba haciendo señales a un colombiano?

Entré — y la sorprendí justo en el momento del robo. Acababa de sacar la cartera de otra mujer.

La esposé, le dije a la víctima que se quedara quieta y metí el bolso robado en el bolsillo de atrás de mi pantalón. Salí corriendo a buscar al campanero, pero ya había desaparecido.

Cuando regresé, mi sospechosa también se había ido. Mi compañero, que estaba al frente, en Macy's, tampoco alcanzó a detener al tipo.

La vi cuando intentaba escapar por un pasillo lateral. La agarré del brazo, la barrí para neutralizar la resistencia y cayó contra una estantería de zapatos. La senté en la banca — y ahí fue cuando vi la sangre. Se había golpeado con el borde del exhibidor y se había abierto la cabeza.

Llamé a emergencias y a mi sargento. Cuando él llegó, la miró y dijo: "¿María?"

La conocía.

Resultó que era una informante confidencial de otra agencia. La habían atrapado en JFK dirigiendo una red de robo de equipaje, robando maletas de las bandas transportadoras y trabajando con su hija para vender lo que sacaban. Se había volteado para salvarse ella y salvar a la hija, que ya estaba en la universidad. Viajaba a Pakistán y a otros países para hacer golpes en aeropuertos. Era una ladrona profesional.

Cuanto más aprendía de ella, más entendía lo organizada e internacional que era realmente esa banda. En general, estos grupos no eran rateros de poca monta — eran gente entrenada, disciplinada, conectada.

Estábamos lidiando con profesionales.

**Inteligencia a la Antigua**

No teníamos smartphones, redes sociales ni fotos en alta resolución en el bolsillo. Eran comienzos de los 2000 — celulares de tapa, beepers y trabajo a pulso. Para entender cómo armábamos casos en esa época, hay que saber que dependíamos de la memoria, del papel y del hustle.

Nuestras herramientas eran simples pero estratégicas: beepers para mensajes cortos, teléfonos Nextel para hablar rápido y discretamente entre el equipo, y unos pocos terminales de base de datos en el comando para revisar antecedentes. No cargábamos una galería digital de cada delincuente — así que construimos nuestro propio sistema de inteligencia.

Cada mañana, antes de salir a la calle, nos sentábamos durante unos treinta minutos a revisar carpetas impresas del sistema del NYPD. Buscábamos por tipo de cargo — grand larceny from the person, (hurto mayor a la persona) — y filtrábamos por género y raza para encontrar patrones: hombre hispano, mujer colombiana, mayores, etc. Luego imprimíamos los resultados y los organizábamos en carpetas.

Les escribíamos apodos a las fotos — pequeños ganchos visuales para activar la memoria. La mujer sin dos dedos: "La Garra". Otra con una cicatriz en la cara: "Scar Face". Un tipo que siempre usaba gorra: "Cap".

Los nombres se quedaban porque eran simples y visuales — y se pegaban en la mente como lo hace el entrenamiento repetido.

Antes del turno, repasábamos esos libros rápido — pasar página, señalar, memorizar — creando archivos mentales tan claros que se podían recuperar en el andén media hora después. Luego nos desplegábamos. Si alguien en un vagón se parecía a "La Garra", el equipo se avisaba y se cerraba el círculo.

Usábamos Nextel porque era pequeño y rápido. Las radios grandes del Departamento cantaban a la legua que se trataba de un policía; los Nextel nos mantenían anónimos. Los beepers eran para alertas cortas: órdenes de captura, BOLOs, o un hit en la base de datos. Éramos uno de los pocos equipos que tenían acceso constante a esa tecnología en ese momento, y la exprimíamos al máximo.

Se aprende a reconocer personas por la forma de caminar, la postura, un pedazo de oreja faltante, la manera en que mastican. La memoria se convierte en la base de datos. Eso obligaba a ser mejores observadores. Me enseñó lecciones que más adelante hicieron posible el trabajo encubierto: reconocer patrones, fijarse en los detalles pequeños, tener paciencia y la disciplina de prepararse antes de siquiera poner un pie en la calle.

### De carteristas a buscar mi placa de Detective

Para ese entonces, ya no solo estábamos haciendo arrestos en el metro — estábamos operando en la calle, hombro a hombro con detectives de toda la ciudad.

Recuerdo un problema en particular que lo cambió todo para nosotros. Empezó en la calle 33, en la línea 7, cerca de La Guardia Community College — el mismo colegio al que había asistido por seis meses, recién salido del bachillerato. El área era mayormente industrial, llena de fábricas de joyería propiedad de miembros de la comunidad judía, muchos de los cuales también tenían negocios en el Distrito de Diamantes de la calle 47 en Manhattan.

Era el montaje perfecto para ellos — las fábricas quedaban a una estación de Queensboro Plaza, justo al otro lado del río de Midtown. Todos los días, los empleados iban y venían cargando diamantes, oro y joyas terminadas, muchas veces en metro. No era la forma más segura de mover ese tipo de mercancía, pero sí la más conveniente.

El problema era que había ojos encima.

Siempre había informantes dentro del Distrito de Diamantes — personas que fingían ser empleados legítimos pero pasaban información a bandas criminales. Informaban quién movía qué, cuándo y cuánto. Esos datos iban directos a las mismas bandas suramericanas que veníamos siguiendo — los carteristas, los estafadores de lotería — solo que ahora estaban evolucionando.

Ya no se conformaban con robar bolsos.

Ahora estaban haciendo robos a mano armada.

Empezaron a seguir a los mensajeros de joyería desde la calle 33 hacia Times Square, emboscándolos en el metro o cerca de las estaciones. Era algo serio — robos de alto valor con organizaciones sospechosas y mucho dinero desapareciendo.

Muy pronto, esos incidentes empezaron a aparecer en las reuniones de CompStat — las sesiones semanales en las que a cada comandante de precinto le exigen explicaciones por los números. En Transit casi no se veían robos con arma de fuego, pero ahora las cifras estaban subiendo rápido. De un momento a otro, los jefes querían respuestas.

Fue entonces cuando nos llamaron.

Nuestro equipo — todavía simples policías de civil — empezó a trabajar codo a codo con detectives de Transit, del Precinto 108 y de otras unidades de la ciudad. Ayudábamos a llevar investigaciones grandes, hacíamos vigilancia, recogíamos inteligencia y desarrollábamos pistas — el tipo de trabajo que normalmente hacían los detectives — solo que nosotros no éramos detectives.

Éramos policías haciendo trabajo de detective sin el título, sin el salario y sin la placa.

Naturalmente, empezamos a preguntarle a nuestro jefe, el sargento George Scagnamiglio, si había alguna posibilidad de ascender. Ya habíamos probado lo que podíamos hacer en la calle, y estábamos trabajando muy por encima de nuestro rango. Pero George nos dijo la verdad:

"Hay que esperar el turno. La única forma de entrar al escuadrón es con tiempo — quince, tal vez veinte años."

Eso no me cayó bien. Yo quería más.

Recordé algo que un instructor de la academia había dicho años atrás, durante una práctica de conducción:

"Muchacho, usted sería buen encubierto. Tiene la pinta y el instinto. Algún día debería probar narcóticos."

Nunca olvidé esas palabras.

Así que le pregunté a George si había otro camino — otra manera de ganarse la placa de detective. Fue entonces cuando me habló de un amigo suyo, un detective de primer grado retirado del Drug Enforcement Task Force (DETF) — un hombre que había pasado su vida en el mundo de los narcóticos y ahora trabajaba como analista para la DEA.

George dijo:

"Si de verdad quiere esa placa de Detective, vaya y hable con él. Él le va a explicar cómo funciona. La forma más rápida es ofrecerse como encubierto de narcóticos. Hace el trabajo durante dieciocho meses — y se gana su placa de detective."

Esa conversación me cambió la vida.

Fue mi primera introducción real al mundo de los narcóticos encubiertos — y la primera vez que pensé en serio en lo que significaba meterme en ese papel peligroso e invisible.

## El Anillo y la Advertencia

Fui al DETF, en el West Side de Manhattan, y me senté con un Detective de primer grado retirado de narcóticos. Tenía el aspecto de un hombre que había visto lo peor y vivido para contarlo. En su dedo llevaba un anillo de oro — tallado con la cara de un indígena, incrustado con rubíes y diamantes—. La luz se reflejaba en el anillo cada vez que él hablaba, y recuerdo quedarme mirándolo porque no dejaba de contar la historia detrás de esa joya.

Dijo que una mujer colombiana había puesto una recompensa de 100.000 dólares por su cabeza. Lo quería muerto, no porque él fuera un policía "quemado" o descubierto, sino porque quería su dinero y su anillo — quería adueñarse del negocio y eliminaría a cualquiera que se interpusiera. Ella coordinó reuniones, fijó el precio y esperaba que los sicarios regresaran con el anillo como prueba. El detective contaba la historia como una parábola de advertencia — seca, cruda, con detalles pequeños, como el anillo, que la hacían aún más real.

Luego siguió con lo demás: las traiciones, los amigos que se convirtieron en objetivos, las veces que uno siente un aliento en la nuca y sabe que lo están vigilando. Recalcó la soledad del trabajo encubierto — cómo se vive una mentira a cambio de un sueldo y un escudo, cómo se duerme escuchando la voz de otro en la cabeza, cómo uno no puede confiarle su secreto a nadie. Quería que entendiera el costo.

Llamó a la mesa a otro ex -encubierto — un hombre distinto, menos condecorado pero marcado por la batalla a su manera. Intercambiaron historias, sobre todo las feas. Querían que conociera el precio real. Entonces el detective de primer grado se inclinó hacia adelante, me agarró del brazo y me miró directo a los ojos. Me dijo, en voz baja pero firme:

**"Si yo fuera usted, no lo haría."**

Esa frase me retumbó adentro por mucho tiempo. No era una desmotivación sino un último acto de honestidad — un regalo, realmente, de alguien que había vivido lo que predicaba. Salí del DETF sintiendo el peso de cada palabra que me había dicho. Caminé de regreso al Transit District 20 y busqué a George Scagnamiglio. Le conté todo lo que había escuchado — las advertencias, el anillo, la recompensa — cada detalle. Y luego le dije lo que había decidido.

"Boss," dije, "quiero una aplicación para OCCB. Quiero irme a narcóticos como encubierto."

George me miró durante un largo segundo y luego asintió. Sabía que no podía hacerme cambiar de opinión. Reconocía esa mirada en mis ojos. Me guió en cómo aplicar al puesto y me dio las mejores recomendaciones. George era un gran jefe. Sabía que yo era trabajador, y teníamos un equipo excelente. Era honesto y se preocupaba por nosotros. No iba a frenarme; hizo lo correcto.

En este trabajo, a veces se encuentra gente que piensa más en sí misma que en sus compañeros. Yo tuve la fortuna de estar rodeado, durante toda mi carrera, de personas buenas, rectas, que querían lo mejor para el equipo y para sus individuos.

Y Dios, por supuesto, siempre estuvo a mi lado — guiándome y protegiéndome.

## Capítulo 5 – Narcóticos Encubierto- OCCB

El Organized Crime Control Bureau (OCCB, unidad de control de crimen organizado) era la rama élite de la NYPD — un comando formado por unidades especializadas encargadas de los crímenes más peligrosos y complejos de la ciudad. Ya no existe, pero en esos años era la punta de lanza del departamento, con unidades como Vice, Narcóticos, Auto Crime y Organized Crime Investigations.

OCCB manejaba todo — prostitución, narcotráfico, tráfico de armas, sindicatos criminales — y sus detectives trabajaban de la mano con los grupos federales: DEA, ATF, Homeland Security Investigations (Seguridad Nacional) y hasta el Joint Terrorism Task Force (JTTF) del FBI. Muchos oficiales enviados a estas unidades luego terminaban sirviendo en el extranjero con la División de Inteligencia. OCCB era el centro de gravedad del trabajo serio contra el crimen en Nueva York.

Yo no estaba aplicando para Inteligencia ni para el JTTF.
Estaba aplicando para Narcóticos — encubierto.

Después de enviar mi solicitud, tres semanas más tarde recibí la llamada.
Era para la entrevista.

No revelo los detalles del proceso — no sería justo para futuros encubiertos — pero diré esto: está diseñado para sacarlo de toda zona de confort. Uno se sienta a una mesa con un jefe, un capitán, un sargento y dos encubiertos activos. Lo presionan fuerte: motivación, miedo, lealtad, juicio. Lanzan escenarios para medir cómo piensa uno bajo presión, qué tan rápido se adapta y si puede mantener la calma mientras la sala se cierra encima.

Pasé la entrevista.

En junio de 2004, dejé el Transit District 20 y me presenté en un lugar no revelado para iniciar la escuela de encubiertos de narcóticos. Los instructores eran de verdad — veteranos que habían vivido esa vida. Muchos todavía estaban activos, comprando kilos o armas a la misma gente con la que la mayoría de los policías no se atrevería ni a hablar.

Nos enseñaron a ser actores — a interpretar un papel hasta borrar cualquier rastro del policía interior. Había que aprender a caminar, hablar y pensar como la gente que se estaba infiltrando. Enseñaban a leer el peligro sin mostrar miedo y a decidir en un segundo si avanzar con el negocio, retroceder o pelear por la vida.

Como encubierto, no hay respaldo en el cuarto de al lado.
No hay chaleco.
No hay radio.
A veces ni se lleva arma.
Todo depende de la situación.

Hay que confiar en el instinto.
Y en Dios.

Ese es el precio de ser encubierto de narcóticos — y lo que hace que los encubiertos de Gun Violence Suppression, los que compran armas en la calle, tengan uno de los trabajos más peligrosos de la NYPD. Emergency Service ESU (servicio de emergencia) cuenta con armamento avanzado, blindaje pesado y equipo de respaldo. Un encubierto no. Es solo uno — cara a cara con el peligro, a una palabra equivocada de no volver a casa.

¿Quién puede mentir para ganarse la vida?

Un instructor caminó por la sala y lanzó una pregunta simple, pero extraña:

"¿Quién aquí le ha sido infiel a su pareja?"

Quería honestidad. Varias manos se levantaron. Él sonrió y dijo, filoso como un cuchillo:

"Si sabe mentir y cubrirlo, ya tiene la primera habilidad de un encubierto."

Suena crudo, pero tenía razón.
Ser encubierto es actuar y engañar — herramientas, no moralidad.

Unos veinte comenzamos la clase. Para el segundo día, unos cuantos ya se habían retirado. Para la graduación, quedábamos siete u ocho. No era por lo físico — como en el entrenamiento militar especializado —; aquí, los atributos físicos no importaban. Era porque la verdad golpeaba: este trabajo costaría sueño, relaciones y, a veces, la seguridad.

Los instructores no lo disfrazaban. Mostraban videos reales de operaciones, incluso imágenes terribles de operativos en los que encubiertos habían salido heridos. Querían que entendiéramos exactamente a qué nos estábamos metiendo.

Y aun así, daban salidas — repetidas veces:

"Si necesita regresar a su comando, hágalo. Nadie se lo va a reprochar."

Ese nivel de honestidad filtraba a los curiosos y dejaba a los comprometidos.

Yo lo aprecié entonces. Hoy lo entiendo aún mejor: nadie debería entrar a ese mundo sin saber el precio.

**No todos nacieron para esto**

No importaba cuánta capacitación tuviera alguien o qué tan bien trabajara bajo presión en el aula — la verdad era simple: no todos nacían para ser encubiertos. Algunos simplemente no podían, sin importar cuánto lo intentaran. No era cuestión de esfuerzo; era cuestión de cableado interno.

Este trabajo exigía calma en el caos, la capacidad de mentir sin dudar, adaptarse en un segundo cuando todo se torcía. Algunos se congelaban. Otros actuaban de más y arruinaban la cobertura. Y algunos no tenían ese instinto de supervivencia que surge cuando el aire se vuelve pesado y unos ojos equivocados se clavan demasiado tiempo.

La apariencia no importaba. Esa fue una de las primeras lecciones. No había que verse como "tipo calle" para sobrevivir — había que pensar como uno. Recuerdo a un encubierto irlandés, alto, blanco, que sobresalía en ciertos barrios. No se veía como adicto, pero se adaptó. Interpretaba a un ejecutivo de Wall Street quemado, uno que "fiestaba" demasiado y necesitaba un pase de cocaína para seguir. Era bueno. Logró compras que nadie pensó que pudiera.

Lo que importaba era leer gente, cambiar de marcha y volverse camaleón.

Muchos encubiertos nunca encontraron su ritmo. Los movían de un barrio a otro: Brooklyn, Queens, Manhattan — buscando dónde "encajaban". A eso le llamábamos el tour de la ciudad. La verdad: algunos simplemente no lo lograban.

Lo cruel era que a veces el departamento los aguantaba 16 o 17 meses antes de sacarlos — justo antes de los 18 meses necesarios para la placa de detective. Sacarlos en ese punto era brutal. Un castigo silencioso.

Pero así funcionaba el sistema.
Trabajo duro.
No apto para todos.

## Dream Sheet, (hoja de sueños) Parte II — Narcóticos

Al final de la escuela encubierta, había otro *dream sheet*. Sólo que aquí no se escogían comandos... sino dónde se iba a comprar droga.

Suena absurdo cuando se dice en voz alta. Pero así era.

Los instructores lo repetían: tarde o temprano se entraría a apartamentos, edificios, trap houses. Querían medir cuánta comodidad estábamos dispuestos a sacrificar. La respuesta correcta era: toda.

Cada uno pedía el borough (barrio) donde creía que podría "mezclarse" mejor.
Yo pedí Manhattan South.
Ahí terminé.

La presión fue inmediata.

Ya no eran comparendos ni arrestos.
Eran compras.
Diez al mes.
Diez compras reales y documentadas.

Y sin misericordia: si no producía, lo trasladaban a otro barrio. Si tampoco funcionaba ahí: a patrullar otra vez. Nada más.

En la calle, el reloj siempre iba corriendo.
Había que hacer las compras.
Sin excusas.

El callejón tenía su psicología. El 70% de las veces alguien señalaba:

"Usted es policía."

Se lo decían a todos.
Era parte del teatro.

Un viejo encubierto me dijo una vez:

"No se preocupe, hermano. A menos que usted le saque la placa y la ID, todavía está en el juego."

Tenía razón.

Había que hacerse fuerte.
Porque, al final, uno sabía lo real:
Estaba solo.

## La Primera Compra

Nunca se olvida la primera compra.

Es una mezcla de adrenalina, ansiedad y duda. El primer momento en que uno entrega dinero por droga real, rodeado de gente capaz de matarlo si sospecha algo, le reprograma la mente.

La mía ocurrió en la calle 34, entre la 8ª y la 9ª Avenida, a pocos bloques de Penn Station. Era un punto de heroína reconocido — pill heads, junkies (adictos) y una clínica de metadona cerca. El olor era una mezcla de cloro, cigarrillo y enfermedad.

La pareja a la que compré estaba temblorosa, ansiosa, pero extrañamente amable — esa amabilidad nerviosa que aparece cuando necesitan algo. Pedí Xanax. Asintieron, desaparecieron detrás de una van y regresaron un minuto después.

Me entregaron unas pastillas.
Y, para sorpresa mía, también una taza de café.

"Ten, bro," dijo el tipo. "Tómate las pastillas."

Me quedé con ellos mirándome — esperando que me las tragara.

El corazón me sonaba en los oídos.

Hice como si tomara una, escondiéndola en la mano mientras levantaba la taza.

Pensé: Aquí empieza todo.

Sin uniforme.
Sin radio.
Sin chaleco.
Solo café, Xanax…
y una oración.

## La Primera Compra — Después

Apenas di el dinero y recibí las pastillas, miré al otro lado de la calle y vi a Gil — mi ghost (fantasma) ese día — observándome como un halcón.

Le hice la señal positiva.
Él entró de inmediato por radio:

"Move in." (muevasen a arrestar)

En segundos, el equipo cayó encima de la pareja.

Gil cruzó la calle rápido.

"¿Qué pasó?"

"Compré cuatro Xanax por veinte."

"Buen trabajo," dijo, mirando la taza. "Pero dígame que no tomó de ese café."

Solté una risa nerviosa.

"Claro que no."

Regla básica:
Nunca se consume el producto.
A menos que la vida dependa de ello.

Si pasaba, había que llenar un *Exposure Report* (Reporte de Contaminacion) Demasiados de esos... y uno estaba fuera.

Ese día no lo necesité.
Había pasado mi primera prueba.

Los encubiertos veteranos dejaban que el nuevo hiciera la primera compra — tradición, bautizo. Después ellos hacían las suyas.

Con el tiempo, Gil y yo nos volvimos inseparables.
Hacíamos compras juntos.
Nos cubríamos.
Disfrutábamos el trabajo, incluso siendo mortal.

En ese mundo, no hay manuales.
Solo instinto.
Experiencia.
Y caminar invisibles por el infierno.


**Convertirse en el Papel**

Para comprar, había que volverse creativo.
Regla número uno.

Cada nuevo encubierto debía parecer el papel. Hablar, moverse, existir como la gente del set. No era fingir ser un criminal; era desaparecer en un personaje hasta que uno mismo lo creyera.

Mi acento ayudaba.
Pero faltaba verme como un crackhead (basuquero)

Creé un personaje: hombros caídos, mirada perdida, un leve arrastre al caminar. Tenis sucios, jeans rotos y una camiseta negra XXL llena de sudor. Todos los días la misma.

Iba a una tienda de Halloween en Union Square a comprar maquillaje amarillo — ese tono enfermizo de los adictos. Oscurecía mis ojos con morado. Me dejaba la barba crecida, desordenada. Me ensuciaba las uñas metiendo los dedos en materas o tubos de escape. Me embarraba esa grasa por el cuello, brazos, orejas.

También cargaba una bolsa plástica y recogía latas frente a los dealers para que me vieran desde lejos.

Así me ganaba la entrada.

"¿A quién busca?"

"A Tito. El boricua. Tiene krills... a veces rocks."

Y entraba perfecto.

**El Precio del Disfraz**

Un día estaba ghosteando a Gil desde otra acera. Él estaba haciendo una compra; yo debía observar cada detalle.

Sin dejar de mirarlo, metí la mano en un basurero para recoger una lata.

Sentí algo blando.
Húmedo.
Caliente.

Miré.

Mierda de perro.

La tenía por toda la mano.

Casi vomito, pero no podía romper personaje. Me la limpié en los jeans y seguí buscando basura. Después pensé: puede servir. Me embarré más en los pantalones para que el olor completara el personaje.

Guardaba esa ropa en una bolsa negra en mi locker.
Cuando la abría, los compañeros decían:

"¿Qué carajo es ese olor?"

Era yo.
Listo para trabajar.

Ese era el verdadero encubierto.
No era glamour.
Era mugre, miedo y supervivencia.


**Aprender de los Adictos**

Para sobrevivir, había que aprender el ritmo de la calle — y los mejores maestros eran los adictos.

Caminé con ellos horas, días, semanas — escuchando, observando. Aprendí su jerga, sus gestos, sus rituales. Pasé noches sentado en escaleras de proyectos, oliendo orina y humo barato, mientras se inyectaban junto a mí.

Una mañana caminaba con un heroinómano que pensaba que yo era uno de ellos. Me dijo:

"Bro, se ve mal. ¿Cuánta plata tiene?"

Le dije que tenía 80 dólares —suficiente para comprar un bundle. (10 sobres amarrados con un caucho pequeño)
Llamó a un vendedor.
Hicimos la compra.

Al irnos, me contó que había salido de prisión el día anterior. Cinco años adentro. Menos de 24 horas después, estaba comprando heroína.

"Anoche me parrandee," dijo riéndose.

Pensé: Eso es adicción.
No era libre ni un día.

Dio el paquete. Sacó uno para él.
Lo aspiró en plena calle.

Treinta segundos después, ya no podía mantenerse de pie.

Activé la señal de compra positiva.
Arresto limpio.

Heroinómanos… lo peor. Según lo que ellos me compartían , "solo toma tratar una vez y ya con eso empieza la adicción"; siempre están tras de esa misma primera traba; ¡le dicen corriendo detrás del dragón!
Triste y real.


**Demasiado Cerca**

Gil siempre me advertía de mantener distancia.

"Bro, no tiene que oler como ellos para ser uno."

Yo pensaba distinto: había que vivirlo.

Un día, frente a una clínica de metadona, yo estaba hablando muy cerca de una mujer. Lo hacía porque imitaba el manerismo de ellos, de los consumidores, de los *crackheads*. Me acerqué demasiado, copiándole la forma de hablar.

De un momento a otro, ella habló duro, casi me gritó, y la saliva de ella entró directamente en mi boca. No sé si estaba con mucha saliva en ese instante o si fue la manera en que movió la boca, pero lo sentí—sentí cómo me cayó la saliva adentro mientras hablaba de frente.

Fue culpa mía por estar tan cerca de ella.

Sentí el alma salirse.
Escupía, me limpiaba, casi corriendo.

Gil, al otro lado, muerto de la risa.

Entré a una farmacia y me tragué medio litro de Listerine.
Solo podía pensar en TB, hepatitis, VIH…

Ese día aprendí algo que ninguna academia enseña:

Sobrevivir no siempre es pelear.
A veces es retroceder.

Después de ese día no me les acercaba tanto a los consumidores, lección aprendida.

No quería llevar una enfermedad fea a mi casa ya tenia mis dos hijas Sofia y Samantha


### Avenida D

A ese punto ya estaba aprendiendo cosas que más tarde me llevarían hasta lo más alto — hasta la cima en Colombia —, pero todo empezó aquí: Avenue D.

Todo Manhattan South conocía Avenue D. Era un rito de paso — una franja interminable de concreto, quince o veinte cuadras de proyectos levantados por políticos que creyeron que estaban resolviendo algo. En realidad crearon un caldo perfecto de droga, violencia y miseria.

Crack y heroína reinaban.
Adictos dormían en escaleras.
Vendedores controlaban esquinas y pasadizos.

Para hacer compras, había que ir ahí.

Regla clave:
Había que comprar crack o heroína. Nada más valía la pena. SI se compraba marihuana, existía el peligro de que al otro día salieran de la cárcel y lo quemaran a uno, diciéndole a la gente que uno era encubierto. Se necesitaba hacer compras por felonías, crímenes que valieran la pena.

En esos tiempos, la gente hacía cárcel de verdad. La fianza era alta. No como hoy.

Un día caminé hasta un supermercado en la intersección de la Avenue D y la 6th. Un dealer me vio y le hice un gesto. Me siguió, a distancia.

"Vaya pa' atrás," dijo.

Fui al fondo del pasillo.
Miró alrededor y susurró:

"Levántese la camiseta. Bájese los pantalones un poquito."

Lo miré — confundido, asqueado.

"¿Qué pasa con usted? Eso suena medio raro."

Respondió:

"Olvídelo. Usted es policía."

Y se fue.

Me enrabieé.
Me habían hecho. (Terminología en inglés a que lo identifiquen a uno como policía)

Llamé al equipo:

"Reúnanse en la 8 con Avenue C."

Dejé todo lo que pudiera delatarme: radio, arma, todo. Nada podía fallar.

Le dije al equipo:

"Consigan otro a pie. Voy pa' dentro otra vez. Ese tipo va preso."

Un encubierto veterano me dijo una vez:
"Hermano, no son más inteligentes que usted. Tal vez más callejeros. Pero no se rinda."

Regresé decidido.

Busqué al tipo.
"Bro, déjeme hablarle."

Volvimos al mismo pasillo.
Le dije en voz baja:

"No hago esa vaina… pero si eso es lo que toca pa' que vea que no soy policía, listo."

Antes de que respondiera, me quité la camiseta y me bajé los pantalones hasta los tobillos.

"¿Qué hace?" gritó.

"Eso mismo le estaba diciendo. ¿Por qué me pide eso?"

Soltó una risa nerviosa.

"No, man… solo quería ver la cintura para asegurarme que no fuera policía."

"Bro, ¿yo? No, nada que ver."

Asintió.

"Aight. Vamos a caminar."

Caminamos detrás del edificio.
Metió la mano detrás… profundamente…
y sacó una bolsa pequeña.
Dentro venían los twists de crack. (basuco, roca de cocaína)

Le di el dinero.
Él extendió la mano para dármela
Lo miré frío.

"Bacano todo bien"

A mi izquierda vi a Sean, uno de mis investigadores, desplazándose desde un vehículo, ghosteándome perfecto, como si viviera ahí.

Le dije al dealer:

"No se preocupe, bro. Sean se encarga de usted."

El dealer lo vio acercarse...
Y su rostro cambió.

Sean lo abrazó fuerte, inmovilizándole los brazos.
Otros dos investigadores entraron por los costados.

En segundos estaba en el piso, esposas puestas y arrestado
Listo otro en la camioneta de prisioneros.

Otro día más en Avenue D — donde el aire huele a crack y miedo, y si uno no producía compras de felonía, era un fantasma más.

Las calles decidían quién se quedaba y quién desaparecía.


**Testimonio en Corte y Audiencias Hinton**

El testimonio en corte es algo en lo que la mayoría de la gente nunca piensa, pero en el mundo encubierto se convierte en un segundo trabajo — uno que puede ser tan estresante como el trabajo en la calle. Yo nunca fui buen orador. Incluso hoy, después de cientos de casos, todavía siento los nervios treparme cuando entro a una sala de audiencias. Pero nada se compara con la primera vez.

Fue una compra de crack que había hecho en el Precinto 6, cerca de Christopher Street. El caso iba a juicio, y el acusado — ya con antecedentes — estaba haciendo todo lo posible para evitar la cárcel. Me reuní con la fiscal, preparé los detalles, repasé el testimonio. Pero nada lo prepara a uno para el momento de sentarse en ese estrado, bajo las luces.

Recuerdo el juramento.
La silla de madera.
El silencio.

Miré al jurado… luego a la mesa de la defensa… luego a la fiscal.

Y de repente, todo dentro de mí se desplomó.

La visión se me nubló.
Las manos me temblaban.
La respiración se me volvió corta.
Podía oír mi propio corazón retumbando en los oídos.

Alguien me había dicho una vez: *"Si se pone nervioso, tome un sorbo del agua que deja el asistente de la corte. Mire su mano. Controle la respiración."*

Así que alcé el vaso.

Y cuando lo levanté, la mano me temblaba tanto que el agua formó ondas dentro de la copa. El estómago se me apretó. Una oleada de mareo me golpeó, y por un segundo pensé de verdad que me desmayaría allí mismo, frente a todos. Hoy en día me da risa recordarlo. Pero en ese momento, fue aterrador.

Y por supuesto — ese testimonio no salió muy bien.

No era porque no supiera el caso. Lo sabía perfectamente.
Simplemente no estaba mentalmente preparado para hablar en público.

Pero la experiencia es una maestra brutal.

En narcóticos, después de cada compra de delito grave, tenía cinco días para presentar el caso ante un gran jurado. Así que, si hice unas 300 compras de delito grave en mi carrera encubierta —es decir, testifiqué aproximadamente 300 veces, sin contar ventas por observación o cuando ayudaba en los casos de otros detectives.

La repetición se volvió entrenamiento.
El entrenamiento se volvió confianza.
La confianza se volvió supervivencia.

Pero la corte también tenía sus peligros.

**La audiencia Hinton**

Los detectives encubiertos siempre intentan que la sala de audiencias se cierre durante su testimonio. No por secreto — por seguridad. Si alguien sentado en la galería lo reconoce, y luego lo ve caminando solo por un edificio de proyectos de noche, su cubierta se cae… y su vida puede estar en peligro. Por eso, antes del juicio, se realiza una audiencia legal en la que el encubierto explica al juez por qué la sala debe cerrarse.

Se llama audiencia Hinton.

Hay una en particular que nunca olvidé.

Habíamos arrestado a un traficante dominicano — un tipo de "delivery service" — por segunda vez. Cuando entré a la sala, noté de inmediato a alguien sentado junto a él. Un hombre mayor. No apartó los ojos de mí. Ni un segundo.

Al empezar a testificar, algo dentro de mí se tensó. Era instinto — el mismo instinto que lo mantiene a uno vivo en apartamentos, callejones, azoteas y escaleras. Me incliné hacia la fiscal y le susurré:
"Tenemos que parar. ¿Quién es ese hombre sentado con él?"

Ella no sabía.

Pedimos una pausa. Salí a la parte de atrás. Unos minutos después, la fiscal entró con la identificación del hombre. Dijo que era un familiar del acusado. Le respondí en seco:

"Yo no voy a testificar con ese hombre en la sala. ¿Por qué lo dejaron entrar durante una audiencia Hinton?"

Ella dijo que el abogado de la defensa había respondido por él.

Le dije: "No me importa."

Uno de mis detectives empezó a hacer llamadas para correr su récord.
Cuando llegaron los resultados, el cuarto quedó en silencio.

El supuesto "familiar" tenía múltiples arrestos por venta criminal de narcóticos.
También tenía un intento de homicidio de un oficial de policía.

Todo encajó.

No estaba ahí para dar apoyo emocional.
Estaba ahí para identificarme.
Para memorizar mi cara.
Para llevar esa información de vuelta a la calle.
Y era violento.

Me negué a salir del cuarto hasta que lo sacaran.

El juez se molestó. Amenazó con declararme en desacato si no regresaba a testificar. No me moví. Mi sindicato — la Asociación de Beneficios de Detectives — intervino de inmediato. Se hicieron llamadas. Abogados contactaron a la corte. Incluso el comisionado se involucró. Por un momento, la situación se volvió una batalla de autoridad y presión.

Me mantuve firme.
No iba a arriesgar mi vida por el "familiar" de nadie.

Después de una larga negociación, llegaron a un acuerdo. El juez aceptó mantener al hombre fuera.

Solo entonces testifiqué.

Mucha gente piensa que el trabajo encubierto es solo compras, arrestos y operativos. Pero la verdad es que eso es solo la mitad. La otra mitad es pararse bajo esas luces, relatando cada detalle — la transacción, el lugar, las palabras, las personas involucradas.

Necesita registros precisos.
Necesita memoria.
Necesita calma.
Y sobre todo, necesita experiencia.

Porque una vez que uno está en ese estrado…
el peligro no desaparece.

A veces… lo sigue hasta la corte.

Esa es la parte que el público nunca ve.
La que nunca sale en titulares.
La que la mayoría de los encubiertos carga en silencio hasta el final de sus vidas.

### Las cometas (kites) — Tito y el perro

En el ámbito de los narcóticos, llamábamos *kites (cometas)* a los quejas . La gente llamaba al 3-1-1, iba al precinto o le contaba a una unidad de narcóticos que alguien vendía desde un apartamento, un carro o una persona. El nombre viene de un viejo chiste — quejas impresas, que antiguamente lanzaban por la ventana como cometas y salían volando a un contenedor de basura abajo — pero un *kite* significaba trabajo.

Recibimos un kite sobre un tipo llamado **Tito**. Vendía crack desde un apartamento y, según la queja, no dejaba salir a la gente hasta que fumara adentro. Los que iban donde él no eran víctimas; eran parte del problema — compradores y usuarios que alimentaban la operación.

Gil y yo caminamos la cuadra, observamos quién entraba y salía, y estudiamos el ritmo. Para cubrirnos, yo empujaba a Gil en una silla de ruedas y él llevaba un yeso — dos indigentes matando tiempo. Nos volvía invisibles.

Un día, una mujer puertorriqueña de los proyectos se nos acercó en la 10th Avenue y nos dijo, sin rodeos:
"¿No han ido a donde Tito? Vayan a donde Tito."

Tenía una venda en el brazo. Le pregunté y dijo que el pastor alemán de Tito la había mordido — el perro también se "fumaba" con todos y se ponía peligroso cuando no recibía su golpe. Un problema que no esperábamos. Cambió el plan.

Nos dio detalles: cómo operaba Tito, cómo se movía el producto. Volvió al proyecto y salió minutos después. Guardó la mercancía en una cabina telefónica en la esquina y me dijo dónde dejar el dinero. Tomé las dos bolsas y dejé veinte dólares. Regresé empujando la silla de Gil.

Ella se acercó demasiado a la entrada del proyecto y la íbamos a perder, así que Gil saltó de la silla y salió corriendo. La agarró y el equipo de campo cayó encima de ella. Ella quedó paralizada de susto — al ver que el "indigente" corría — y la llevaron bajo custodia. De ese arresto salió información de Tito, y estábamos cada vez más cerca de entrar al círculo y poder comprar dentro del apartamento.

**El apartamento — el arma olvidada**

Esperamos unos días antes de volver donde Tito. Esta vez quería entrar — mirarlo a los ojos y hacer la compra yo mismo.

Me puse mi do-rag (bandana en la cabeza), bajé la capucha y me monté al carro. Gil manejaba. Nos metimos por el FDR, una carretera que cruza los dos extremos de la ciudad que nunca duerme, estábamos desapercibidos — hasta que aparecieron las luces. Un policía nos estaba parando.

NYPD Highway (patrulla de las carreteras)

Gil maldijo en voz baja. No teníamos ni nuestras placas ni nuestros IDs — solo radios y armas. El oficial se acercó a la ventana y analizó todo.

"Licencia seguro y registración"

"Estamos en el trabajo", dijo Gil.

"¿Qué comando?"

Gil dio un código. El oficial probó otro, y respondimos correctamente. Luego hizo la pregunta que congeló el aire.

"¿Están armados?"

"Sí."

"Déjenme verla."

Gil empezó a moverse — y yo le agarré la muñeca. Miré al oficial directo a los ojos.

"¿En serio, oficial?"

Él dudó, luego sonrió, entendiendo lo cerca que estuvo de cometer un error tan obvio, que iba a sacar con ver nuestras armas y qué tal si estábamos mintiendo. Un error táctico que nos puso a todos en gran peligro en ese momento.

"Está bien. Que tengan buen día, muchachos."

Seguimos. Nadie habló en varios minutos.

Nos estacionamos a unas seis o siete cuadras del edificio. Me bajé, ajusté el cinturón y, como siempre, confirmé mi arma — cartucho en recámara, lista.

Mi mano no tocó nada.
Se me subió la sangre a la cabeza rápido del estrés

"Mierda — la dejé. Encima de mi locker."

Gil me miró, entre molesto y divertido.

"¿Quiere volver?"

El equipo de campo ya estaba cerca, esperándonos. No había tiempo.

"No. Présteme la suya."

Él movió la cabeza.

"¿Está loco?"

Solo lo miré.
Finalmente me la entregó.

"Haga lo que haga," dijo, "no le vaya a disparar a nadie."

Asentí. Sabía la política del Departamento — cada arma amarrada a un número de serie, cada bala documentada. Legalmente estaba cubierto, pero en términos internos estaba caminando sobre hielo fino. Igual, la misión primero.

Llegué al edificio y toqué. Un tipo se asomó por la ventana — treintañero, puertorriqueño, con mirada filosa.

"Yo, Tito, ¿qué más, bro?"

Me abrió. Subí la escalera estrecha y entré. Cerró detrás de mí — y oí: *clic... clic... clic.*
Tres chapas pesadas aseguran la puerta. Típico de un "crack spot". Puertas con varias chapas para dar tiempo a botar la mercancía si llega la policía a ejecutar un allanamiento.

Desapareció en la cocina. Cuando regresó, tenía un cuchillo en la mano.

"Yo, Papa," dijo, analizándome, "¿de dónde lo conozco? Nunca lo he visto aquí."

Medio segundo — eso fue lo que tuve para pensar. Podía haber ido por el arma, pero ni siquiera era mía.

Así que usé la boca.

"Yo, Papa, ¿no se acuerda de mí? ¿Dónde está su perro, bro?"

Se detuvo un instante, confundido — luego miré a la izquierda. El pastor alemán estaba ahí, en las sombras, mirándome. Tito miró al perro, luego a mí. Su agarre en el cuchillo aflojó.

Le dije "agárralo que no quiera que me muerda"

"Ah, ok", dijo, "usted ha estado aquí antes"."

Soltó el cuchillo en el mostrador y volvió a la cocina. Cuando regresó, tenía una bolsa con pequeños twists de crack.

Me preguntó cuántos. Le dije "Tres".
Le di el dinero, me dio la mercancía.

Luego dijo lo que esperaba:

"Tiene que fumar aquí."

Negué con la cabeza.

"No, mano. Me tengo que ir. No quiero que su perro me muerda como mordió a su prima la otra vez."

Me miró, confundido pero aceptándolo. "Ah, sí… ese día tuve mucha gente aquí," murmuró, abriendo los tres cerrojos.

La puerta se abrió.
Salí al pasillo, tranquilo, el corazón firme.

Si no hubiera sido por el trabajo previo — los kites, la información de calle, el detalle del perro, la historia de la prima — tal vez no habría salido vivo de ese apartamento.

La gente cree que lo salva a uno el arma.
No. Lo salva la inteligencia.

Ese día llevaba el arma de otro agente; estuve a tres pies de un cuchillo y miré a un perro adicto al crack — todo por un mal hábito y un arma olvidada. Pero salí vivo, y eso es lo que cuenta. Y también Dios — no solo me protegió a mí, sino también a Tony, porque si hubiera tenido mi arma, Tito estaría muerto, eso sí es seguro.

En este trabajo, a veces el arma no te salva, sino la cabeza tranquila y en orden.

## La Orden de Allanamiento — El Final de Tito

Antes de golpear una puerta, había que hacer la tarea. Esa era la regla número uno.

Como encubierto, usted era los ojos y oídos — el plano arquitectónico. Los investigadores no podían emitir una orden de allanamiento sin lo que usted traía de la calle.

Había que saberlo todo:

¿Cuántos cuartos había dentro.

¿Dónde guardaban el dinero y la mercancía.

Quién dormía dónde, quién tenía la carga, quién era el loco, quién era el "enforcer", quién manejaba las ventas mano a mano.

Si cocinaban el producto, había que saber dónde, qué herramientas usaban y cuántos segundos tardaban en botarlo.

Uno aprendía a leer un apartamento como si fuera una escena de crimen antes de que ocurriera.

En narcóticos no teníamos el lujo de llamar a ESU — "los muchachos con los juguetes".

Ellos tenían los camiones blindados, los escudos balísticos, los arietes pesados.
Nosotros no teníamos nada de eso.

Éramos nuestro propio ESU.

Entrenábamos para ejecutar nuestras propias órdenes — entrar, limpiar, asegurar, recuperar.
Si algo salía mal, era responsabilidad nuestra.

Regresamos a la cuadra de Tito por última vez. Vi a un tipo saliendo del edificio — tembloroso, ojos inquietos, con el crack todavía corriendo por sus venas. Acababa de comprarle a Tito. Perfecto.

Me acerqué despacio.
"Yo, Papa, ¿todo bien?"

Tuve una conversación corta con él y sabía lo que quería. Negocié una compra y le pasé sesenta dólares.
"Hágale." El me dijo "aquí la tengo vamos"

Caminó hacia el oeste conmigo, rápido, nervioso. Cuando llegamos a la 10th Avenue, levantó la mano y paró un taxi amarillo.

"Subase."

Me quedé en la puerta, fingiendo dudar — pero la verdad era que no podía. Una vez cerradas esas puertas, estaría perdido en un mar de taxis. Los "ghosts" (fantasmas) me perderían, el equipo de campo me perdería.

Dejé la puerta abierta. Él se agitó. Su voz subió, cortante, arrastrada.

"¡Nah, usted va a fumar conmigo, Papa!"

Tenía los ojos desorbitados. Se le notaba el crack del apartamento de Tito. El cuerpo le temblaba. Levantó las manos como si fuera a arremeter.

Y ahí mismo, en plena acera, con gente que pasaba, no tuve otra opción.

Lo golpeé. Un puño limpio directo al rostro.

Retrocedió tambaleando, intentó patear, intentó lanzar un golpe. Lo conecté otra vez, fuerte, en la boca.

Cuatro pequeños twists de crack salieron volando — los tenía escondidos en la boca.

Los recogí. Activé el micrófono: "Muévanse."

En segundos, el equipo cayó encima. Él estaba en el piso, esposado, gritando de forma incoherente mientras lo levantaban.

Unos días antes de presentar el caso al gran jurado, la fiscal me llamó.

"Su tipo presentó una queja por brutalidad."

Negué con la cabeza.
"Por supuesto que sí."

En el quinto día presentamos el caso ante el Grand Jury, donde se decide si hay suficientes pruebas para seguir adelante. Nos dieron un "true bill", o sea, aprobaron el caso. Al parecer, él iba a pelearlo.

Una semana después, la fiscal me llamó:

"Olvídelo. El caso se acabó. Está muerto."

Guardé silencio unos segundos.

"Salió de donde Tito, se metió crack, caminó hasta la Novena Avenida... y un camión lo atropelló."

Así de simple.

Un minuto estaba tirándome golpes... y al siguiente ya no existía.

Ese es el trabajo: la línea entre la vida y la muerte es frágil.
Entre vendedor y usuario.
Entre sospechoso y fantasma.

La presión aumentó. Tito era un problema serio; los investigadores y la fiscalía se movieron rápido. Ya era hora de sacar la orden y cerrar ese punto de crack.

El fiscal y el juez firmaron los papeles.
La orden quedó aprobada.

Golpeamos el apartamento esa misma semana.

No más pastor alemán.
No más chapas reforzadas.
No más ventas entre humo.

Orden ejecutada. Tito esposado. El punto — eliminado.

Otro nombre borrado del mapa del subsuelo de Nueva York.
Otro fantasma agregado a sus calles.

### Graduación — De compras callejeras a Major Case (Casos Mayores)

En algún punto, el miedo desapareció.

Ese pulso en el cuello que latía fuerte cuando se entraba a una puerta desconocida… la respiración rápida antes de una compra… todo se fue desvaneciendo. No porque el peligro desapareciera — nunca lo hace.

Sencillamente me acostumbré.

Tal vez era la experiencia. Tal vez el control que uno se obliga a ejercer.

Cuando uno entra a un apartamento lleno de vendedores, usuarios y humo tan denso que no se ve la pared del frente, el miedo no ayuda — lo expone.

No se puede ver nervioso.
No se puede parpadear demasiado.

Se interpreta el papel… o se muere intentándolo.

Después de dos años completos de trabajo callejero — corriendo proyectos, haciendo compras en sótanos, azoteas y callejones — me gradué.

Me ascendieron a Major Case Narcotics.

Ese era las "grandes ligas".

No más bolsitas de veinte dólares o paquetes de ochenta.
Ahora eran tratos de diez, quince, veinte mil dólares.
Compras grandes. Jugadores grandes.

Pasé de fingir ser un adicto a convertirme en la conexión— el tipo con el dinero, listo para mover peso.

Las calles me habían enseñado todo lo necesario.

Ser colombiano me ayudó. Más de lo que entendí al principio.

A veces los dominicanos se reían y decían:

"Se supone que nosotros le compremos a usted, no al revés."

Y tenían razón, de cierta forma.

Colombia tenía un nombre — no solo por Escobar, sino por todo lo que vino con él: la cocaína, la técnica, las rutas, las lanchas que cruzaban el Caribe desde La Guajira hacia Centroamérica y, desde el Pacífico, por Tumaco hacia México. Las avionetas saliendo de pistas en la selva de Colombia y Venezuela directo hacia México y más allá.

Todo el mundo sabía de dónde venía el producto — y los colombianos cargaban esa reputación como moneda. Eso abría puertas. Facilitaba conversaciones. Generaba confianza. Algo que ninguna academia podía enseñar.

Hasta que llegó una llamada que lo cambió todo.

Recibimos un dato sobre un nuevo objetivo. Otro equipo ya había intentado y fallado en hacer el caso. Se habían acercado, pero la negociación se había torcido.

Nos lo entregaron a nosotros — Major Case.
Investigadores veteranos, la mayoría con quince o veinte años en el trabajo.

Dijeron:
"Vean si ustedes pueden hacer algo con esto."

El nombre en el expediente me congeló.

Robert Chambers.

Para el público, era el *Preppy Killer* — el muchacho atractivo y privilegiado que estranguló a Jennifer Levin en Central Park en los 80. Había cumplido su sentencia, pero las calles y su mente criminal nunca cambiaron; regresó como si tuviera una misión del infierno.

Para nosotros, era un objetivo importante. Su historia sobre cómo mató a Jennifer era falsa, y todos lo sabían. En cierto modo, muchos sentían que nunca pagó lo suficiente por lo que hizo. Era solo otro objetivo — otro fantasma del pasado de Nueva York que había encontrado su camino de vuelta al juego.

No lo sabíamos aún, pero ese caso — ese hombre — pondría a prueba todo lo que yo había aprendido.

Las compras callejeras habían terminado.
Las apuestas eran más altas.
Y el juego estaba a punto de cambiar.

## Capítulo 6 – Robert Chambers

### El Fantasma de Central Park

Antes de verlo por primera vez, el nombre Robert Chambers ya era parte de una de las leyendas más oscuras de Nueva York.

Agosto de 1986 — Central Park.
Jennifer Levin, de dieciocho años, apareció muerta cerca de la Quinta Avenida, justo cuando salía el sol. Dos ciclistas vieron su cuerpo primero, retorcido en el césped, con marcas en el cuello y la ropa desgarrada. Para las seis de la mañana, el parque estaba lleno de uniformados, detectives y fotógrafos.

En cuestión de horas, todas las cámaras de noticias de la ciudad estaban ahí. No era un asesinato más. Era *el* asesinato — ese tipo de crimen que se graba para siempre en la memoria de Nueva York.

El sospechoso, Robert Chambers, no encajaba con la imagen de un asesino. Era alto, de cara limpia, de buen porte — el tipo de muchacho que esperarías ver sosteniendo una Biblia junto a un sacerdote, no parado con esposas bajo las luces del parque. Había ido a un colegio privado católico. Su madre había sido enfermera del presidente Kennedy y era conocida en su iglesia. Tenían conexiones, influencia — de esa que antes pesaba en la ciudad.

Cuando Chambers dijo que todo había sido un accidente — que ocurrió durante "sexo rudo" — los tabloides estallaron.

Ya no era solo un crimen. Era un escándalo.

La prensa le dio un apodo que se quedaría durante décadas: El Preppy Killer.

Lo soltaron bajo fianza mientras el juicio se alargaba. Y por errores — la forma en que se manejó la evidencia, las inconsistencias en las declaraciones —, el caso empezó a desmoronarse.

La familia de Jennifer Levin tuvo que revivir el horror una y otra vez.

Al final, no pudieron soportar otro juicio.

La fiscalía aceptó un acuerdo — homicidio involuntario, no asesinato de primer grado.
Quince años de prisión.
Eso fue lo que recibió por quitar una vida en Central Park. Cumplió la sentencia completa por mala conducta: peleas y adicción a la heroína en prisión. Parece que nunca aprendió de sus errores.

Quince años después, la ciudad había cambiado — pero algunos fantasmas siempre encuentran el camino de regreso.

Y cuando su nombre volvió a cruzar mi escritorio, esta vez no era por titulares.

Era por negocio.

Drogas. Cocaína. Ciudad de Nueva York.

Robert Chambers — el mismo hombre que una vez estuvo en medio de una tormenta mediática — ahora estaba de vuelta en las sombras.

Y me tocaba a mí entrar en ese mundo y sacarlo de ahí.

### El Preppy Killer — El Regreso

En este trabajo, los casos no se construyen por suerte.
Se construyen con personas — con los informantes que cambian susurros por libertad o por dinero.

A algunos los llaman soplones.
Yo las llamo las arterias del NYPD.

He visto informantes salvar vidas en contraterrorismo. He visto cómo derriban a traficantes de armas, a ladrones de carros y a redes completas de droga. Lo que te imagines.

Y si hay un departamento en el mundo que dominó el arte de manejar informantes, es el NYPD.

No es arrogancia. Es la verdad.

He escuchado historias — inteligencia desde el extranjero, tips que evitaron bombas en la ciudad.

Y en narcóticos… los informantes nos han llevado a miles de kilos incautados, millones recuperados en efectivo, y más arrestos de los que se pueden contar.

Pero este — Robert Chambers — era distinto.

La introducción vino de un informante que nos debía favores.

Dijo que lo conocía efectivamente y que estaba moviendo producto con su novia desde su apartamento.

Nos reunimos con Chambers temprano en la mañana, en su apartamento en la 57 con Segunda Avenida.

Cuando abrió la puerta, supe de inmediato que no era el mismo "Preppy Killer" limpio y elegante que obsesionó a la prensa. Sus ojos tenían ese brillo apagado y paranoico de años de uso. Su novia, en cambio, estaba peor — pálida, sudando, temblando.

Me dijo directamente:
"Ella está en síndrome de abstinencia." La falta de la heroína en su sistema la tenía enferma; se veía en mala condición.

Se metió al cuarto después de eso.

Nos sentamos en la sala, rodeados por ese silencio que solo los adictos crean — un televisor murmurando al fondo, persianas a medio cerrar, el aire cargado de humo viejo.

Le conté mi historia.
Yo era un intermediario con conexiones. Movía peso a través de un edificio cercano. Quería mantener el negocio en Midtown, evitar Brooklyn o Manhattan North.

Asintió, lento.
Dijo que podía hacerlo posible.
Solo necesitaba aviso, la cantidad, y tiempo para hacer las llamadas.

la primera compra fue un gran riesgo.

Le dimos el dinero por adelantado.
Algo que nunca debes hacer de forma encubierta.

Pero no era una compra de esquina — era un caso con historia.
Tenía peso. Los jefes lo querían.

Así que tomamos el riesgo.

Dijo que tenía que ir a Brooklyn a recoger la mercancía. Esperé unas horas, regresé, y me entregó la droga — intercambio limpio, suave, como si lo hubiera hecho mil veces.

Desde ahí, se convirtió en un patrón.

Yo llamaba.
Él lo organizaba.

Entraba al apartamento, y siempre había dos o tres tipos en la sala — desconocidos, rostros duros, silenciosos.

Robert me llevaba al cuarto, contábamos el dinero, y luego se lo entregaba a su novia.
Ella salía, regresaba con el producto desde la sala, lo entregaba, y Chambers me decía que esperara cinco a diez minutos antes de irme.

No quería que cruzara caminos con los suplidores.

Eso siempre me olió mal.

Cada vez que me sentaba en ese apartamento, escuchando voces apagadas detrás de la pared, me preguntaba qué pasaría si uno de esos dealers decidiera entrar.

No conocía sus nombres, ni sus caras, ni sus ánimos.

Yo confiaba en que ellos confiaban en Chambers, y confiaba en el equipo afuera para moverse si todo se iba al carajo.
Pero yo estaba solo en el piso 17 — y para cuando apoyo subiera las escaleras o tirara la puerta, yo podía estar muerto.

Esa es la matemática brutal del trabajo: aceptas esa ecuación antes de entrar.

Decidimos grabar cada transacción.
El equipo no era glamoroso — la cámara torpe, los cables incómodos, la batería calentándose hasta quemarme la pierna. Me recordaba respirar. Era un dolor pequeño comparado con lo que podía pasar en ese cuarto.

Así que me sentaba ahí, bajo esa luz fea, el televisor murmurando, voces desconocidas a unos pasos, mi corazón golpeando con fuerza, y las baterías ardiendo en mi cuerpo donde las tenía escondidas. Era una tecnología nueva y se necesitaba poder mediante un paquete de baterías grande e incómodo. Mantener la calma no era una opción — era supervivencia. Cara tranquila, historia firme, sentidos abiertos. Estaba en misión, y a la misión no le importa tu miedo.

Lo que yo no sabía era que Chambers ya estaba planeando algo.

Una trampa.

La misma manera en que jugó con la prensa, ahora estaba intentando jugar con la calle.

Y pronto iba a descubrir hasta dónde estaba dispuesto a llegar.

**Tendiendo la Trampa**

Robert Chambers no solo vendía cocaína.
Tocaba cualquier estafa que pudiera — un buscavidas con un currículum oscuro.

En la sala donde hacíamos las compras, veía el desorden: tarjetas plásticas en blanco, lectores magnéticos, una laptop encendida. Se jactaba de fabricar tarjetas de crédito fraudulentas ahí mismo en la mesa.

Luego me contó cómo él y su novia "trabajaban" en los bares — ella se acercaba a clientes borrachos, robaba carteras, y desaparecía en la noche. En una de esas carteras, dijo, había una licencia, tarjetas de crédito y llaves de un BMW.

Ya había ido a ver si el carro estaba en la dirección de la licencia que estaba adentro de la cartera.
Y sí, estaba.

Solo que no tenía los cojones para robarlo él mismo.

Así que me lo ofreció a mí.

Lo jugué con calma. Le dije que lo pensaría, y más tarde lo hablé con el fiscal. Era tentador — fácil de añadir cargos — pero no valía el riesgo. Ya teníamos suficiente para enterrarlo.

La mente criminal de Chambers funcionaba con engaño. Incluso cuando sonreía, se veían los engranajes moviéndose detrás de los ojos.

Entonces llegó la ultima compra — la que casi termina mal.

Miles de dólares en efectivo.
Mismo edificio.
Mismo piso.

Pero algo estaba mal desde que entré.

Usualmente, Chambers me llevaba directo al cuarto. Esta vez me dijo que esperara en la sala — justo al lado de su novia.

No me gustó.

Ella hablaba de cosas sin sentido, tono plano, como si estuviera marcando el tiempo. Sentía sus ojos revisando cada uno de mis movimientos. Y demasiado amigable, usualmente no se metía mucho conmigo, mantenía un poco su distancia.

Entonces escuché la puerta del frente cerrarse.

*Click.*

Cinco minutos.
Diez.

Él no regresaba.

El instinto me gritó — algo estaba mal. El ambiente cambió, pesado, como antes de una tormenta.

Saqué mi teléfono y llamé al Sargento Angelo Rosario.

Si había un hombre en quien yo confiaba con mi vida, era Angelo — viejo estilo NYPD, leyenda en narcóticos y pandillas—. El hombre que derribó a los Latin Kings. Un caballo de batalla. El tipo que podía mantenerse 8-10 horas en una vigilancia y seguir más alerta que todos. Cuando se emocionaba ante un caso, se frotaba las manos como un boxeador antes del round.

Le hablé en clave, en español, por si la tipa entendía algo. Mantuve mi voz firme. Él habló más.

Angelo me dijo que tenía ojos en Chambers afuera — pero algo estaba extraño.
Chambers no estaba con sus dealers habituales.
Estaba con un grupo de dominicanos.
Y no cualquier grupo — joloperos, asaltantes de dealers, hombres que

vivían de robar droga. La clase de equipos peligrosos que mi compañero Joe King fuese a perseguir años después.

El instinto de Angelo fue inmediato:

"Te van a caer encima, pilas"

Chambers me estaba preparando para un tumbe.

Colgué. Sentía la sangre golpeando en mi cuello.

Me levanté para irme, pero la novia se movió para bloquearme.

"Siéntate," me dijo. "Robert ya no demora"

"Quítate de mi camino," le dije, empujándola porque se me había metido en el medio

Abrí la puerta, pegué al ascensor y no respiré hasta que las puertas se cerraron. Cuando se abrieron en el primer piso, vi a mi ghost y a otro investigador en el carro, estacionados en la esquina. Me agarraron y me metieron al UC car.

Nos fuimos antes de que cualquiera reaccionara.

Diez minutos después, Chambers llamó, fingiendo que no pasaba nada.

Dijo que había ido al supermercado, que los dealers estaban tarde.

Puras mentiras.

Si fueran los dealers, habría dicho que habían llegado. No lo dijo.

El instinto de Angelo me salvó la vida.

Esa noche nos reunimos. Nadie habló por un rato.
Todos sabíamos lo que había pasado — lo cerca que estuvimos.

Teníamos la evidencia.
Los buys.
Los videos.

Era hora.

El Preppy Killer iba a caer de nuevo — esta vez no por una joven en Central Park,
sino por envenenar las calles de Nueva York.

**La Caída de Robert Chambers**

Los investigadores no perdieron tiempo.

En horas, los fiscales estaban informados, las declaraciones escritas, y el engranaje de la justicia girando.

Se redactó una orden de registro, el juez la firmó, y quedó lista para ejecución inmediata.

El equipo estaba preparado.

El plan era simple — entrar fuerte, rápido y terminar limpio.

Pero nada sale exactamente como uno planea.

Cuando la puerta cayó, Robert Chambers — el mismo que los tabloides llamaron el Preppy Killer — no era el tipo calmado y elegante de los titulares. Era un animal de seis pies cinco arrinconado.

En cuanto vio a la policía, salió corriendo hacia la cocina —
el peor lugar para correr durante una orden.

Cajones llenos de cuchillos. Vidrio.
Adrenalina.

Y explotó.

Empezó a lanzar golpes — salvaje, desesperado, peleando como si tuviera algo que demostrar.

Dos investigadores cayeron duro.
Uno golpeado contra el counter.
Otro recibió varios golpes mientras peleaban por derribarlo.

La pelea fue brutal — cruda, ruidosa, violenta.

Cuando terminó, Chambers estaba boca abajo, esposado, con los nudillos sangrando.

Dos de nuestros investigadores jamás volvieron a servicio pleno. Sus lesiones acabaron sus carreras.

Ahora no eran solo cargos de narcóticos.

Eran dos cargos de agresión a oficiales — felonías encima de felonías.

Unas semanas después, lo vi de nuevo.

Fue en el tribunal, antes de una audiencia.

Caminó por el pasillo y pasó junto a unos reporteros, con el pelo largo, los ojos azules, buscando hasta que se toparon con los míos.

Nos miramos.

Se congeló por un segundo — suficiente para que yo supiera que finalmente entendía quién era yo realmente.

Se inclinó y le susurró algo a su abogado.

No mucho después, llegó la noticia de la fiscalía:

Robert Chambers aceptó un acuerdo. Diecinueve años de prisión.

Cuatro más de los que cumplió por el asesinato de Jennifer Levin en 1986.

Y no sé qué es la justicia realmente —
Pero en ese momento, sentí que un pedazo pequeño por fin le llegó a ella.

Chambers volvió a prisión. No cumplió toda la sentencia — casi nadie lo hace.

Ahora está de nuevo en las calles, en algún lugar de Nueva York.

No sé qué fue de él.

Solo espero que haya encontrado paz y haya cambiado — porque hay gente que nunca aprende a dejar de huir de sí misma.
Por lo que he escuchado, aún está bajo supervisión, pagando el precio por una vida llena de malas decisiones. Tal vez esa es su sentencia ahora... no

las paredes de una prisión, sino el tipo de probatoria que nunca termina — donde tu pasado te sigue adonde vayas.

## La Florista y Brian Carmichael

¿Cómo podría olvidar a Brian, el fantasma que apareció por primera vez en mi vida a través de una mujer a la que llamaba la Florista?

Ella no era la típica vendedora de droga. Tenía casi cincuenta y tantos, blanca, elegante incluso en su decadencia. Alguna vez había sido una mujer de sociedad, de una vieja familia de Manhattan, y ahora flotaba entre cócteles de cocaína y arrepentimiento. Su apartamento quedaba en lo alto del Upper East Side: pisos de madera de caoba, orquídeas frescas en la ventana y ese ligero olor a plástico quemado que delataba la verdad.

Tenía una floristería, al menos en el papel. En realidad, la tienda era una fachada y su apartamento una puerta giratoria de dealers dominicanos que subían con bolsas y promesas. Tenía dinero, clase y veneno corriéndole por las venas. Yo le había estado comprando pequeñas cantidades, usándolas para llegar a peces más grandes, cuando una tarde me llamó a su cuarto.

Me dijo, con la voz medio ronca, que solía usar cocaína y fumar mucho. —Quiero mostrarte algo.

Dentro de su walk-in closet, detrás de filas de vestidos de seda, había un armario blanco alto. Cuando lo abrió, el perfume a talco y químicos llenó el cuarto. Frascos de pastillas. Montoncitos de billetes doblados con cuidado. Una bandeja de cocaína pura brillando bajo la luz de una lámpara pequeña de escritorio.

Y entonces la vi: una bolsa plástica transparente, metida al fondo. Adentro, unos cristales que atrapaban la luz como si fueran vidrios rotos.

Me quedé mirándola por medio segundo.

¿Eso es Tina? —le pregunté (el nombre común en esa época para la metanfetamina de cristal).

Sonrió, con los ojos vidriosos pero orgullosos.

Crystal meth. Calidad de California.

Carajo —dije, haciendo el papel de comprador ambicioso.— Con eso se puede hacer mucha plata.

La sonrisa se le borró de golpe.

No con él —susurró.— No me gusta tratar con ese hombre. Hay algo… raro en él.

¿Raro cómo?

Bajó la mirada hacia la alfombra, mordiéndose el labio por dentro.

Les hace cosas malas a los niños. Se tiró veinticinco años en California por violación.

El aire se puso frío. El estómago se me revolvió.

Ella siguió hablando, como si necesitara confesarlo en voz alta:

Todavía se mueve como un depredador. Siempre en un hotel distinto: Midtown, a veces Queens. Nunca se queda en el mismo lugar dos veces. Me da esa sensación… de maldad, ¿sabes? Maldad de verdad.

Asentí, fingiendo pensarlo.

¿Cómo se llama?

Brian —respondió.

Actué como si no fuera gran cosa.

Ah, eso está loco… pero podemos hacer buena plata —le dije.

Un depredador sexual condenado, moviendo crystal meth por hoteles en Midtown. Eso no era solo narcóticos: era un posible depredador escondido detrás del producto.

Después de terminar la compra de cocaína, bajé y encontré al detective Jimmy Vanacore apoyado en el carro rentado, con un cigarrillo colgándole del labio y un vaso de café en la mano. Todos le decían Jim Bob.

Jimmy era uno de esos viejos policías raros que podían leerle el alma a un sospechoso a través del polarizado de un carro. Antebrazos gruesos, el pelo raleándose y una mirada que nunca parpadeaba. Podía pasar doce horas seguidas detrás de una mira, con los ojos ardiendo, y jamás quejarse. Si la obsesión usara uniforme, Jimmy lo llevaría puesto.

Le dije:

—Jimmy, tenemos algo nuevo. Tipo llamado Brian. La Florista dice que se hizo veinticinco años en California por abuso de menores. Ahora está moviendo crystal meth por la ciudad, un hotel distinto cada par de noches. Dice que le da mala espina.

Jimmy lanzó el cigarrillo, lo aplastó con la bota y me miró con esa expresión plana.

—Entonces lo encontramos —dijo.— Lo encontramos ya.

Cuando Jimmy hablaba con ese tono, sabías que la cacería había empezado.

Ahí fue donde comenzó todo: el primer hilo de lo que se convertiría en el caso de Brian Carmichael.

Y si algo aprendí trabajando al lado de Jimmy Vanacore es que, cuando él se enganchaba a un objetivo, era solo cuestión de tiempo para que lo sacara de su sombra y lo pusiera de frente ante la justicia.

## El Detective Jimmy Vanacore

Él empezó como policía en el Precinto 9, y nunca se me va a olvidar el tatuaje en su brazo: una pieza de tinta intrincada que mostraba la vieja estación de policia, con las insignias del 9 rodeándola, como si fuera una placa de honor grabada en su piel. Ese era Jimmy Vanacore —Jim Bob para todos los que lo conocían.

Jim Bob no era solo otro detective. Era de esa raza rara que parecía haber nacido para la oscuridad.

Pasó años trabajando turnos de medianoche en Narcóticos, tanto como encubierto como investigador. Era una de las asignaciones más duras de la ciudad: el turno de noche, cuando Nueva York cambiaba de cara y las calles les pertenecían a los depredadores. Esa era la hora en que salían los borrachos, los junkies, los asaltantes y los fantasmas... y Jimmy se movía entre ellos como si fuera uno más.

La mayoría de los hombres que trabajaban a medianoche envejecían el doble de rápido. Se quemaban, se divorciaban o se anestesiaban con alcohol. Pero Jim Bob prosperaba ahí. Vivía en el norte del estado —a más de dos horas— y aun así siempre llegaba temprano. A veces aparecía en la unidad una hora, incluso dos, antes de su turno, café en mano, ya corriendo nombres, buscando teléfonos, cruzando órdenes de arresto.

Así de obsesivo era.

No solo perseguía casos: se los comía vivos.

Una vez que se te montaba en la pista, estabas acabado.

Memorizaba todo: tu fecha de nacimiento, tu historial de arrestos, tu dirección, tu número de celular, tus coacusados, tus fechas de corte. Podía recitarlos de memoria como otros recitan versículos. No era un trabajo para él: era memoria muscular. Una obsesión que rozaba la genialidad.

Años antes, Jimmy había tenido un accidente de moto que casi le cuesta la vida. Pasó semanas en coma y, cuando por fin salió, una noche me dijo en voz baja:

Yo no soy la misma persona que antes de haberme quedado dormido. Me lo dijo en referencia a su accidente de moto. Se convirtió en un genio obsesivo con investigaciones.

Y no lo era.

Algo en él había cambiado, como si hubiera dejado una parte de sí mismo en esa mesa de operaciones y hubiera regresado más agudo, más enfocado, más implacable. Podía sentarse frente a una computadora durante diez horas seguidas, leyendo, cavando, conectando puntos que nadie más veía. Perseguía una pista hasta exprimirla por completo.

Incluso después de que me retiré, Jimmy seguía llamándome —a veces de la nada— solo para actualizarme sobre casos viejos.

—Oye, Mahecha —decía, con esa voz ronca, medio divertida—, ¿te acuerdas de Robert Chambers? Fecha de nacimiento, número de interno, dirección, estatus de libertad condicional. Adivina qué está haciendo ahora...

Lo soltaba todo de memoria, sin notas ni pantalla enfrente. Ese era Jimmy: la base de datos caminante del NYPD.

Así que cuando el caso de Brian Carmichael cayó en nuestros escritorios —un pedófilo condenado manejando crystal meth desde habitaciones de hotel en Manhattan— supe que era solo cuestión de tiempo.

Porque una vez que Jimmy Vanacore se montaba en tu pista, ya no quedaba un solo lugar donde esconderse.

Los días de Brian Carmichael acechando a los débiles, rondando las calles y envenenando la ciudad estaban contados.

Jimmy Vanacore estaba en el caso.

**La Primera Compra**

Para cuando Jimmy corrió el nombre en el registro, las piezas empezaron a encajar.

Brian Carmichael no era solo otro vendedor de poca monta, con mal carácter y peores hábitos. Era un fantasma con papeleo: un agresor sexual registrado que se había escurrido entre estados como una sombra, reinventándose en hoteles baratos y nombres falsos.

Jim Bob lo encontró.

Había revisado el registro de ofensores sexuales como un cirujano que extrae tejido podrido. Había tres Brian con complexiones similares, pero solo uno tenía el récord de California: más de veinte años por el tipo de crímenes que te manchan el alma solo de leerlos. El expediente era grueso. Agresiones. Aislamiento. Reportes disciplinarios. Y luego estaba la carta —la de los oficiales correccionales de California— advirtiendo que Carmichael era "altamente propenso a reincidir".

Esa línea pegaba como un puño. Habíamos visto muchos monstruos, pero este venía pre-certificado.

Vivía cerca de la Calle 34 con la Octava Avenida, en una casa vieja dividida en apartamentos, de esas que huelen a moho y a pecados viejos.

La mitad del edificio estaba lleno de gente en libertad condicional. La otra mitad fingía que no.

Nos instalamos en silencio. Nadie en el vecindario sospechaba la tormenta que estaba a punto de pasar por esa cuadra.

Yo necesitaba a la Florista para hacer el contacto. Era el único hilo que nos conectaba con Carmichael.

Ella estaba aterrada, pero la avaricia la ganó.

El crystal meth no era común en Nueva York en ese entonces. Era caro, importado y peligroso. No había cocineros locales debido a los gases y al riesgo de hacerlo en interiores. El suministro de Carmichael venía de la Costa Oeste: puro, de laboratorio y mortal.

Ella hizo la llamada.

La compra quedó pactada en un hotel cerca de la 28 con la Sexta, uno de esos lugares cansados y apagados que sobreviven a punta de efectivo y silencio. De esos donde nadie te mira a los ojos y cada huésped tiene algo que esconder.

Llegamos al caer la tarde. La ciudad zumbaba, el vapor salía de las rejillas y el olor a escape flotaba en el aire.

Ella iba en el asiento del pasajero, golpeando el tablero con las uñas. Se notaba que se estaba desmoronando.

No le va a gustar que estés aquí —murmuró.— Se asusta fácil.

Entonces entra tú sola —le dije.— Pero deja el teléfono encendido. Yo voy a estar cerca.

Asintió, con la nariz polveada, temblándole, y se bajó. Yo me quedé a unos metros de la entrada del hotel, simulando mirar el celular, pero aprovechando cada reflejo en las puertas de vidrio. La calle olía a fritanga y asfalto caliente. Ese olor a Nueva York que se queda pegado en la ropa.

Entonces vibró mi teléfono. Era Jim Bob.

Lo tengo a la vista —dijo.— Va hacia ti, rumbo este. Una mochila grande. Parece que vive de ella.

Me giré apenas, lo justo para ver un movimiento al otro lado de la avenida. Y ahí estaba.

Brian Carmichael.

Se movía entre la multitud como un fantasma con propósito: alto, fornido, demasiado macizo para la ropa que le colgaba. La mochila parecía pesada, las tiras clavadas en los hombros. Tenía una barba larga y descuidada, músculos de cárcel marcándose bajo una chaqueta de jean desteñida. Pero fue la cara lo que me congeló: piel pálida, esas gafas gruesas y, detrás de ellas, unos ojos que no parpadeaban. Ojos que parecían haber visto demasiado y no haber sentido nada.

Se veía exactamente como en la foto que habíamos estudiado por días, solo que más viejo, más duro, más peligroso. Un criminal que se disfraza de un hombre cualquiera. El tipo de disfraz que funciona hasta que lo miras demasiado.

Se detuvo en la esquina, escaneando la cuadra como un animal que prueba el viento. Podía ver el tic en su mandíbula, la forma en que se acomodaba la tira de la mochila, como alguien que siempre está listo para moverse, correr o pelear. Sabíamos que era violento; una de sus causas era por agresión grave contra un patrullero estatal en California. Teníamos que andar con mucho cuidado.

Jim Bob me llamó una vez más.

—¿Lo tienes?

—Sí —respondí en voz baja.— Lo tengo a la vista.

La Florista estaba junto a la entrada, fingiendo revisar el teléfono también. Desde donde estaba, podía ver el pulso latiéndole en el cuello. Estaba nerviosa, intentando esconderlo detrás de la actitud y la avaricia.

Carmichael cruzó la calle, despacio, firme, con la ciudad moviéndose a su alrededor como si él no perteneciera a ese lugar. Cuando llegó donde ella, ella forzó una sonrisa que daba pena ver. Él se le acercó, le dijo algo que yo no pude oír, y ella asintió, con los ojos desviándose hacia mí por una fracción de segundo: una señal, tal vez, o una súplica.

Luego desaparecieron dentro del hotel.

Miré el reloj. Pasaron dos minutos. Tres. Al rato, ya iban veinte. El equipo en el terreno estaba nervioso; sabíamos que él era impredecible, ya nos preocupaba la seguridad de la Florista, y el jefe no paraba de repetir:

Puede que tengamos que entrar.

Los minutos se sentían como horas.

Por fin, ella salió con un estuche de gafas en la mano. Abrió la puerta del carro y soltó un suspiro largo.

Toma —dijo, tirándolo sobre mis piernas.— Ya tienes lo que querías. No me vuelvas a pedir que lo vea.

Abrí el estuche lo suficiente para ver la bolsa Ziploc adentro: el hielo irregular brillando con la luz. Crystal meth puro.

Fui muy cuidadoso antes de tocarlo. Normalmente no perdíamos tiempo tratando de levantar huellas durante las compras de droga: demasiado costoso y poco práctico. Pero esto era distinto.

Era Carmichael.

Si lográbamos sacar sus huellas del estuche, tendríamos algo más que una compra: tendríamos un vínculo a prueba de balas.

La llevé de vuelta a su apartamento y le comuniqué al equipo en el terreno que la compra había sido positiva; nos venían siguiendo a distancia, y parte del equipo se había quedado con Brian en el hotel.

Metí el estuche de gafas en una bolsa de papel, cuidando no borrar los bordes, y llamé a Jimmy.

Le dije:

Todo bien.

También le mencioné un pelo que había notado dentro del estuche. Él se emocionó como un niño y empezó a hablar de la posibilidad de tener ADN y huellas coincidiendo en la misma pieza.

La evidencia fue directo al laboratorio esa noche.

Cuando llegaron los resultados, confirmaron lo que ya sabíamos: sus huellas estaban por todo el estuche.

Esa fue nuestra luz verde.

Jimmy quería el arresto rápido, quirúrgico. Dijo:

Tipos como Carmichael no se apagan. Escalan.

Y tenía razón. Una persona con esa mentalidad criminal y ese historial no iba a cambiar de la noche a la mañana, no con la forma en que se movía, no con la vida que llevaba. El expediente de California lo decía todo: más de veinte años, delitos violentos, el tipo de récord que no desaparece solo porque un hombre cruza de estado.

Cuando la compra llegó al escritorio de OCCB (Unidad de Control de Crimen Organizado) en el 1 Police Plaza, no se quedó ahí dormida. El jefe leyó el expediente, vio la categoría de registro y nos dijo, seco:

—Vigilancia 24 horas. Sin huecos. Sin descanso.

Le pusimos equipos encima las veinticuatro horas.

Al principio era seguimiento: vigilancia a pie, carros sin rótulos y rotación de equipos para que nadie se quemara. Aprendimos su ritmo: estadías cortas en hoteles, largas horas dentro de bodegas de almacenamiento repartidas por los barrios. Tenía la dirección permanente que le exigía el registro, pero casi nunca la usaba como casa. La mochila que cargaba era su mundo; a veces vivía de ella, y otras veces parecía usar las bodegas como cuartos temporales. Es un truco común: guardas una maleta, un cambio de ropa, tal vez producto, y desapareces un par de noches sin tocar tu dirección oficial. Al principio no podíamos saber qué bodegas eran solo "baúles" y cuáles eran lugares donde dormía.

Esa noche cambió el ritmo del caso.

Llevábamos suficiente tiempo observando a Carmichael como para entender sus hábitos: cómo rotaba entre bodegas, dormía en hoteles y se hacía invisible a plena vista. Pero esa noche, todo se salió del patrón.

No estaba solo.

La cámara lo captó saliendo de una de las bodegas en Manhattan. Iba al volante de una van blanca alquilada, sin logos, sin ventanas traseras, solo paneles lisos y polarizado oscuro en los vidrios delanteros. El tipo de van que esconde todo. En el asiento del pasajero iba un joven blanco —no tendría más de diecisiete años. Flaco. Nervioso. El tipo de muchacho que parecía no haber comido bien en semanas.

Desde el primer momento, algo se sintió mal.

Los seguimos a distancia, con un carro sin rótulos manteniendo dos vehículos en medio. La van cruzó Midtown y luego fue bajando, dando vueltas por cuadras que no conectaban entre sí. Era deliberado: Carmichael revisando espejos, vigilando si lo seguían. Él conocía el oficio.

Se detuvieron frente a un edificio de apartamentos de lujo en el West Side. Carmichael se quedó al volante, motor encendido, mientras el muchacho se bajó y entró al edificio. Veinticinco minutos después, salió de nuevo, se montó en el asiento del pasajero y siguieron.

Brian estaba creando un patrón distinto ahora. Volvió a pasar: edificio diferente, misma rutina. A veces el chico no regresaba de inmediato. A veces desaparecía hacia la parte trasera de la van por horas. Y nosotros no podíamos ver nada. El polarizado no dejaba escapar una sola pista. Sin sonido, sin movimiento visible. Solo silencio.

El equipo empezó a sentirlo —ese instinto en las tripas que te dice que algo no es solo criminal, sino depredador.

Anotamos cada parada, cada hora, cada dirección de viaje. Igual, no terminaba de cuadrar. ¿Estaba Carmichael usando al chico como mensajero? ¿Como correo de crystal meth? ¿O estaba pasando algo más oscuro dentro de esa van?

Mi teniente se presentó en la escena una noche, parqueó dos carros detrás de nosotros y miró con binoculares. Después de un rato, los bajó y dijo, en voz baja pero firme:

—Esto no me gusta. Nadita. No me gusta lo que estoy viendo.

Se quedó en silencio, con la mirada todavía en la van.

—No podemos dejar que esto siga mucho tiempo más. Ni siquiera sabemos cuántos años tiene ese muchacho.

Tenía razón.

En ese punto, ya no era solo un caso de narcóticos. Podía ser algo mucho peor. No sabíamos si el chico era víctima, mula o las dos cosas... y no podíamos quedarnos sentados mirando cómo se desarrollaba.

Se acercaba la hora de movernos. La detención tenía que suceder pronto.

Porque con un tipo como Brian Carmichael, cada hora que esperas puede significar otro delito, otra cicatriz, otra víctima.

**El arresto de Brian Carmichael**

El plan original era sencillo: hacer más compras, ganarle la confianza a la Florista hasta que él se sintiera cómodo y presentarme. Una vez adentro, yo haría las compras directas — crystal meth, evidencia sólida, todo por el libro.

Pero ese plan se vino abajo en el momento en que apareció el muchacho.

El niño en la van lo cambió todo.

Con cada noche de vigilancia, viendo a Carmichael manejar a ese chico por la ciudad — las paradas tardías en la noche, las largas horas dentro de esa camioneta tipo van oscura, el muchacho entrando y saliendo de edificios — el tono del caso cambió. Ya no estábamos solo detrás de narcóticos. Estábamos mirando algo más oscuro, algo que no podía esperar.

Yo formaba parte del equipo de campo, rotando turnos de vigilancia con el resto del escuadrón. Lo seguimos en cada giro, en cada bodega de almacenamiento, en cada edificio, hasta que el teniente finalmente explotó. Llamó por radio para una reunión a la vuelta de la esquina.

Dejamos dos carros siguiéndolo y nos metimos por una calle lateral. El teniente salió del carro, dio un portazo y lo dijo de frente:

Ya tuve suficiente. No aguanto más esta mierda.

Tenía razón. Todos lo sabíamos. No podíamos dejar que siguiera.

Así que nos movimos.

La van estaba estacionada frente a otro edificio en el West Side. Jim Bob dio la señal y el equipo cerró el cerco. Dos carros lo encajonaron por delante y por detrás. Nos acercamos rápido, armas afuera, pero bajas. Carmichael levantó la mirada, sorprendido, justo cuando las puertas se abrían.

Lo sacamos del asiento del conductor, lo empujamos contra el capó y lo esposamos.

Dos investigadores fueron al lado del pasajero, abrieron la puerta y sacaron al muchacho.

Yo estaba junto a mi vehículo cuando se lo acercaron. Estaba pálido, temblando, con los ojos abiertos como los de un animal atrapado. Le dije a los demás que yo me encargaría y empecé a hablarle suave.

¿Qué está pasando, hijo? —le pregunté.

Él bajó la mirada, con las manos temblorosas, y dijo en voz baja:

Usted sabe lo que está pasando.

Y así, sin más, todo salió. Sin titubeos, sin presión. Dijo que era víctima de Brian Carmichael — que Carmichael lo estaba prostituyendo. El chico empezó a llorar. Dijo que era un fugitivo de otro estado, que tenía dieciocho, pero solo con verlo sabías que no. Se veía mucho más joven.

Me dijo que necesitaba ayuda, que quería ver a un médico porque tenía verrugas anales. Luego dijo algo que nos congeló:

"Él me contagió VIH."

Fue increíble — el horror, la magnitud. Habíamos comenzado este caso detrás de metanfetamina, y terminó siendo algo mucho peor.

Al muchacho no se le presentó ningún cargo. Nos aseguramos de eso. Lo llevaron, lo entrevistaron más a fondo y luego lo pasaron a los servicios sociales.

Carmichael, en cambio, estaba acabado.

Fue arrestado esa noche.

El juicio vino meses después. Carmichael, en su arrogancia, decidió representarse a sí mismo. Eso significaba que yo tenía que enfrentarme a él — en la sala, frente al jurado — y señalarlo directamente cuando el fiscal preguntara:

¿Ve a la persona que le vendió drogas a su informante en esta sala?

Y sí.

Lo señalé directo.

La Florista también testificó como parte de su acuerdo de cooperación. Cambió su testimonio por una sentencia reducida, y sus palabras cerraron el caso. Entre ella, las huellas dactilares, las drogas recuperadas de las bodegas y de la van, y mi testimonio, el jurado no tardó mucho.

Brian Carmichael fue sentenciado a diecisiete años de prisión.

Nunca fue acusado por lo que le hizo a ese muchacho. Hasta hoy, no sé qué fue de él — si recibió la ayuda que necesitaba o si simplemente desapareció como tantos otros chicos tragados por las calles.

Pero así funciona la mente criminal. No se detiene. Cambia, se adapta, se esconde detrás de algo nuevo. Una maldad así no descansa.

Este caso se resolvió por la dedicación implacable de un solo hombre — el detective Jimmy Vanacore, mi hermano, mi compañero, mi amigo. Era el tipo de policía que vivía por la verdad, que llevaba el trabajo en la sangre.

Nos dejó hace aproximadamente un año (2024) — se fue demasiado pronto, pero se fue a un lugar mejor.

**Descansa en paz, hermano.**
**Tu trabajo, tu valentía y tu corazón jamás serán olvidados.**


## El Fotógrafo

Los buenos casos siempre parecían encontrarnos.
Llegaban desde esos mismos rincones conocidos — los informantes, los buscavidas de poca monta, la voz de la calle que te llevaba a apartamentos, sótanos, infiernos de crack y lugares donde hasta las paredes parecían respirar secretos.

Una vez que cerramos el caso de Carmichael, yo ya estaba listo para el siguiente.

La nueva información vino de una de nuestras fuentes — un dato sobre otro intermediario que estaba trabajando el área de Midtown. Pero este no era un vendedor de nivel calle. Era algo distinto.

Un hombre de unos cuarenta años. Blanco. Delgado. No más de cinco pies cinco. Años de vivir rápido le habían dejado la cara fina y pálida. Pero lo que realmente lo distinguía era su pasado. Antes de caer en el negocio de la droga, había sido un fotógrafo profesional — del tipo real — tomando fotos de conciertos, retratos backstage y material de promoción para leyendas del rock. Metallica. KISS. Otros nombres que llenaban arenas y agotaban el Madison Square Garden. Sus paredes lo confirmaban: fotografías por todas partes, enmarcadas y firmadas, los fantasmas de la fama observando desde cada ángulo de su apartamento.

Vivía en la 47 con Segunda Avenida, en una unidad pequeña pero costosa, que todavía llevaba el olor a incienso, cigarrillos y perfume caro.

Su operación me recordó al montaje de Robert Chambers — manos limpias, estructura de intermediario. Él nunca tenía producto almacenado. Nunca. Pero siempre estaba más que dispuesto a hacer el negocio. Tomaba tu dinero, lo contaba con cuidado, y luego llamaba a sus proveedores — dominicanos que bajaban desde Washington Heights para entregar la mercancía.

La primera vez que lo conocí, me presentaron por teléfono y luego subí a su apartamento para la compra.

Cuando abrió la puerta, casi me reí del shock.

Se veía exactamente como Hugh Hefner — mismo estilo, misma actitud. Pijama, bata, pantuflas, y siempre rodeado de mujeres. Cada vez que iba, había prostitutas en el apartamento. Una en la cama con él, otra a medio vestir viendo televisión, y a veces una tercera caminando como si viviera ahí.

Pero no era descuidado — era metódico.

Nunca hacía la llamada para la entrega hasta que yo le mostraba el monto completo en efectivo. Se sentaba, contaba cada dólar frente a mí, y solo entonces levantaba el teléfono y le decía a los dominicanos: *"tráiganlo."*

Eso nos complicaba operacionalmente. No podía salir una vez que el dinero estaba sobre la mesa, y no podía arriesgarme a romper la cobertura. Así que tenía que quedarme — a veces por horas — dentro de ese apartamento rodeado de mujeres semidesnudas y un hombre de mediana edad en pijama de seda que creía que todavía vivía backstage en un concierto de KISS.

Era incómodo, arriesgado y lento — pero así es como se construyen algunos de los mejores casos.

Fue entonces cuando conocí a una de sus escorts regulares — una joven llamada Tara.

El Fotógrafo me dijo el precio por cien gramos de cocaína y me dejó en la sala con Tara mientras hacía la llamada.

Tara me entregó una tarjeta — una foto brillante de ella en bikini en alguna playa, el típico intento de foto de modelo que también funciona como anuncio de escort.

Si alguna vez necesitas algo —me dijo, sonriendo como si fuese lo más normal del mundo—, yo manejo una agencia. Tengo muchas chicas.

Guardé la tarjeta como quien guarda una cosa pequeña y afilada.

Se sentó a mi lado y prendió el televisor. Por un minuto, era el ruido aburrido de siempre — conversación, anuncios — pero luego empezó a bailar un poco, mostrando las piernas. Fue ahí cuando noté la pequeña barriga. No coincidía con el resto del cuadro.

¿Estás embarazada? —le pregunté.

Sí —respondió, como si nada.

El ambiente cambió. Se quedó callada, como si yo hubiera roto la ilusión que quería mantener.

Unos minutos después entró al baño y regresó con una pipa de crack. Empezó a llenarla con pedacitos rojos — pedazos de roca que ella llamaba cocaína — y antes de que pudiera detenerla, la encendió y dio un jalón ahí mismo, en la sala. El humo se enroscó alrededor del candelabro y de las fotos en la pared — Metallica, KISS, la fama colgando como reliquias.

Perdí la paciencia. No alzando la voz, pero frío.

¿Qué carajo estás haciendo? —le dije.— Aléjate de mí. Abre una ventana. No quiero eso aquí.

Ella se levantó, abrió la ventana y terminó de fumar su crack soplando todo hacia afuera. Yo no quería tener que pedir un "exposure number" del NYPD por inhalar esa porquería. Por lo menos me hizo caso.

Se lo dejé claro: yo era un dealer, serio en los negocios. No usaba drogas. No quería estar en un cuarto donde alguien estuviera fumando crack — mucho menos una mujer embarazada.

Ella se encogió de hombros y dijo alguna estupidez, como que su amiga había fumado durante todo el embarazo y el bebé estaba bien. Esa clase de excusas que la gente dice para hacer que lo malo se sienta normal. No funcionó.

Mi rabia se quedó bajo la piel, porque tenía trabajo que hacer. El dinero ya estaba en la mesa y no podía arriesgar la operación. Así que mantuve la voz baja, respiré, y esperé a que llegara la entrega. Cuando el dealer subió, mandé un texto al equipo de campo desde el baño, dándoles su descripción. El plan era seguirlo e identificar la "stash house". Todo funcionó.

Estábamos construyendo un caso más grande, porque nunca sabes adónde te puede llevar un caso pequeño.

**El Regreso de Tara**

Seguí haciendo compras dentro del apartamento. Tara desapareció por un tiempo, pero siempre había nuevas chicas — rostros cambiantes, nombres distintos, los mismos ojos perdidos. La operación del fotógrafo seguía igual. Horas largas. La misma rutina. El mismo ego.

Me hacía aguantar sus rituales cada vez: el conteo, la llamada, la espera. Para cuando los dominicanos llegaban con la mercancía, yo sentía que había envejecido un año.

Eventualmente lo atrapamos. La última compra fue grande — cien gramos de cocaína. El pedido que lo quebró. Lo golpeamos dentro de su apartamento con el producto todavía encima. Arrestado en la escena. Caso cerrado.

Pasaron dos meses.

De vuelta en la oficina, tenía la tarjeta de Tara clavada en el corcho sobre mi escritorio — la del bikini, la foto en la playa. Se había convertido en otro recuerdo extraño de un caso que me había dejado un mal sabor.

Un día, un investigador de otro equipo bajó para hablar con alguien. Pasó por mi escritorio, señaló la tarjeta y dijo:

¿Quién es esa?

¿Ella? —dije.— Tara. Larga historia. Fumó crack estando embarazada.

Él negó con la cabeza y siguió caminando, pero a mí me quedó dando vueltas. Rebotó en mi mente toda la tarde.

Más tarde me quedé mirando la tarjeta y pensé: *¿Qué habrá sido de ella?*

Así que levanté el teléfono.

Dos meses después de la redada — calculé que debía estar como de seis meses de embarazo ya.

Marqué el número de la tarjeta.

Tara —dije—, ¿cómo va todo?

No reconoció mi voz.

Soy Miguel —dije.— ¿Te acuerdas? Me diste tu tarjeta ese día en el apartamento.

Hizo una pausa y luego soltó una risa suave.

Ohhh, ¿oíste lo que pasó?

Sí —dije.— Perdí mi contacto.

Entonces su tono cambió — orgullosa, fuerte, confiada.

Soy el nuevo contacto ahora.

Me recosté en la silla, mirando el teléfono.

¿De verdad? —dije.— Pues reunámonos. ¿Estás disponible hoy?

Claro —respondió.— Dime cuánto necesitas. Yo te lo consigo.

Colgué, me levanté rápido y fui directo al escritorio del Sargento Ángel Rosario.

Bro —le dije—, no vas a creer esto. ¿Te acuerdas de la muchacha que estaba fumando crack (basuco) en el apartamento? Acabo de hablar con ella. Dice que es la nueva conexión.

Ángel hizo lo que siempre hacía cuando la sangre empezaba a moverse — se frotó las manos, se rió, esa media sonrisa de emoción que le salía cuando un caso estaba a punto de arrancar.

Llama a los muchachos —dijo—. Vamos a hacer una compra.

Abrió la caja fuerte, sacó un fajo de billetes, lo revisó rápido.

Tengo suficiente —dijo.— Vamos a armar el equipo. Vamos a comprarle a Tara.

En minutos, la energía en la oficina cambió. El zumbido lento de papeleo se convirtió en movimiento teléfonos sonando, sillas arrastrándose, detectives agarrando su equipo.

Estábamos en marcha otra vez.

La misma muchacha que había fumado crack mientras estaba embarazada ahora era la nueva conexión. Y estábamos a punto de volver a entrar en su mundo.

### La Trampa — La Última Jugada de Tara

Los buenos casos siempre encuentran la forma de regresar, como fantasmas que dejaron asuntos sin resolver.

Tara era ese fantasma.

Reunimos al equipo y nos fuimos al norte — Manhattan medio deslizándose hacia las partes altas, la ciudad latiendo en los espejos del carro. El aire nocturno cargado con ese murmullo de Nueva York: taxis, sirenas, el calor saliendo del concreto. Fijé la cita en la Segunda Avenida cerca de la 57. Ella me dio la descripción del Jeep que manejaba, y cuando lo vi, el pulso se me estabilizó — esa calma que siempre llegaba antes del contacto.

Ella estaba al volante, el pelo recogido, intentando verse compuesta. En el asiento del pasajero había un hombre blanco, de unos cincuenta y tantos, corpulento — el tipo que parecía haber pasado más tiempo en bares que en gimnasios. Ella saludó, se echó hacia atrás y abrió la puerta trasera para que subiera.

Perfecto.

Nunca me gustó sentarme adelante cuando alguien estaba detrás de mí. Demasiado expuesto. Demasiados puntos ciegos. El asiento trasero me daba control — ojos sobre ambos, sin sorpresas.

Subí, moviendo cajas y ropa a un lado solo para hacer espacio. El Jeep era una bodega rodante — ropa, bolsas, restos de comida rápida, basura acumulada hasta el techo. Ella me presentó al hombre como su novio. Quienquiera que fuese, apenas dio un gesto.

Me incliné hacia adelante para saludarla, le estreché la mano — y ahí lo vi. O no lo vi.

No había barriga.

Oye —pregunté en voz baja—, ¿qué pasó con el bebé?

Ella bajó la mirada, luego la levantó con una cara triste que casi parecía ensayada.

Lamentablemente lo perdí —dijo.— Fui al doctor. Me dijeron que el bebé tenía un hueco en el corazón.

Le dije que lo sentía, pero por dentro la verdad ya estaba escrita. El crack mató a ese bebé. No fue mala suerte. No fue un reporte médico. Fue el crack. Ese mismo veneno que devora almas y roba futuros. Ahí sentado, sentí algo oscuro acomodarse en mi pecho — una promesa silenciosa. Ella no iba a salir limpia de esto.

Pero había un trabajo por hacer.

Escucha —dije, manteniendo la voz tranquila—, es nuestra primera compra. Quiero ver cómo está el producto. Aquí tienes quinientos.

Ya habíamos acordado el dinero para que ella supiera exactamente cuántos gramos traer.

Para mi sorpresa, sonrió y dijo:

Está bien, vamos.

Espera —dije—, estacioné mi carro más abajo. Mi primo me está esperando.

Ella frunció el ceño.

¿Cómo que "vamos"?

Mis contactos están en los projects —dijo ella.— Tenemos que ir al West Side.

Yo conocía esos projects. Había hecho compras ahí antes — lugar peligroso para cualquiera, y más para una adicta intentando jugar a intermediaria.

Espera —le dije, saliendo del Jeep.— Déjame avisarle a mi primo.

Caminé hacia la esquina, agarré el teléfono y llamé a Angelo.

No vas a creer esto —le dije.— Ella no es la conexión. Está tratando de ganar dinero revendiendo el producto de otra persona. Sabes que es una crackhead. La jugada es obvia: quiere que la acompañe a los projects, que recoja la mercancía, que fume la mitad, y luego que regrese a darme lo que quede. No voy a ver el lugar, ni al proveedor. Mala jugada.

Angelo ni siquiera dudó.

Recoge tus cosas —dijo.— Nos vamos de aquí. Ella no vale la pena.

Dame unos minutos —le dije.

Tienes cinco —respondió.— Luego nos retiramos.

Eso era todo lo que necesitaba.

Llamé a Manhattan North y conseguí a mi pana Gil. Se había transferido, ya no era UC — ahora investigador y, por coincidencia, el oficial asignado para arrestos ese día. La suerte estaba de nuestro lado. Gil me dijo que Eddie, otro encubierto sólido, ya estaba caminando el set — justo en los mismos projects donde Tara quería llevarme.

—Perfecto —le dije.— Te voy a mandar una muchacha. Dale los quinientos. Ella hace la compra. En cuanto baje — la arrestan.

Gil no dudó.

Listo.

Luego llamé a Eddie y le expliqué todo — Tara, el Jeep, el novio, la trampa. Le dije que iba a conectarlos.

Volví al Jeep, teléfono en mano, e hice la llamada delante de ella.

Eddie —dije—, tengo a alguien para ti. Tara, este es mi contacto.

Intercambiaron números, voces aparentemente calmadas pero cargadas de intención. Me bajé del Jeep, cerré la puerta y la vi alejarse — directo hacia los projects del West Side para hacer la compra.

Me quedé ahí un segundo, viendo las luces traseras perderse entre el tráfico, el ruido de la ciudad devorándola.

La misma muchacha que una vez me dio una foto brillante en bikini, hablando de "su agencia", ahora manejaba directo hacia una trampa que ni siquiera vio venir.

A veces la justicia no tiene que perseguirte.

Solo tiene que esperar a que regreses.

### La Llamada

Soy hombre, y sería mentira si dijera que no estaba decepcionado.
Una parte de mí quería verlo hasta el final, estar allí cuando la arrestaran — cuando la justicia diera la vuelta completa.
Pero sabía que Gil lo manejaría. Siempre lo hacía. Confiaba en él. Y en el fondo, sabía que Tara finalmente iba a enfrentar las consecuencias — no solo por la droga, sino por todo lo que había hecho, por la vida que destruyó antes siquiera de tener la oportunidad de empezar.

Una hora más tarde ya estaba de regreso en la oficina.
La adrenalina se había ido.
Estaba haciendo verificaciones en la computadora, arreglando notas del caso, tratando de pasar la página.
Ahí fue cuando sonó el teléfono.

Era Gil.

El tono de su voz me dijo todo antes de que las palabras siquiera llegaran. Estaba encabronado.

—¿Por qué carajo me tiraste esta bolsa de mierda? —me gritó.

Me quedé congelado.

—¿De qué estás hablando?

Respiró — esa clase de respiración que uno escucha cuando algo salió terriblemente mal.

—Sí, tu chica —dijo.— Hizo lo que tenía que hacer. Subió, hizo la compra, entregó a Eddie, nos movimos, hicimos la aprehensión... pero nunca me hablaste de un bebé.

Una ola fría me atravesó.

—¿Qué quieres decir con un bebé? —pregunté.

Casi gritó:

—Sí, un bebé. ¡Ahora tengo que entregar un bebé muerto en evidencia!

Sentí que el cuarto se me inclinaba.

—Gil, ¿de qué estás hablando?

Él no bajó el ritmo.

—Apenas nos movimos para arrestarla, lo primero que gritó fue: "¡Mi bebé! ¡Mi bebé! Por favor, no me arresten — ¡mi bebé!". Señalaba el asiento trasero de su camioneta.

Hizo una pausa.
Podía oír el ruido del precinto — radios, pasos, puertas.
Entonces lo soltó, plano y pesado:

—Revisaron el carro. Había un frasco atrás. Adentro... estaba el feto.

Por un segundo, no pude decir una palabra.

Gil siguió, ahora más bajo:

—Tuvimos que entregarlo como evidencia. Ella andaba con eso atrás de la camioneta. Todo el tiempo. Mientras hacía compras. Mientras usaba.

Estaba furioso — no solo con ella, ni siquiera conmigo — sino con todo el maldito sistema.
Con la locura que viene con el trabajo de narcóticos.

Con la podredumbre moral que se mete en la gente hasta que ya no saben distinguir entre vida y muerte, entre amor y adicción.

Colgué el teléfono y me quedé sentado mucho tiempo.

Ese fue el final de Tara — al menos de ese capítulo.
Pero no fue el final de lo que ella representaba.
Ella era un recordatorio de cuán profundo corre la oscuridad en este mundo.
Cómo las drogas no solo destruyen al usuario — queman todo lo que lo rodea.
Familias.
Niños.
Inocencia.

Ese caso... se quedó conmigo.

No por el arresto.
No por el papeleo.

Sino porque en algún lugar de esa Jeep, entre el desorden y el caos, había un frasco con lo que quedaba de un niño — una vida que nunca tuvo la oportunidad de empezar.

Y ese tipo de cosas... nunca te dejan.


**Tommy Guns**

Hay un tipo especial de policía encubierto — esa raza que toma los trabajos que casi ningún hombre quiere tocar.
Viven con el peligro como si fuera otro latido del corazón. Mientras la mayoría del trabajo undercover es riesgo calculado, las compras de armas son otro animal por completo: pistolas, rifles, pedazos de metal capaces de convertir una conversación en una escena del crimen en un parpadeo. No muchos pueden hacer ese trabajo. Se cuentan con una mano.

Yo tuve la suerte de trabajar con uno de ellos.
Su nombre era Ralph Delgado, "Ralphy".

Ralph te enseñaba en diez minutos cosas que otros no te enseñaban en un año. Cambiaba de identidad como quien cambia de abrigo — sin esfuerzo, convincente, inevitable. Dale un número escrito a lápiz en un papel y él lo hacía cantar. Nunca entendí cómo lo lograba. Tomaba una llamada, salía de la oficina, y dos horas después regresaba diciendo:

—Estamos listos.

Compra cuadrada. Reunión pactada. Objetivo enganchado. Como si lo hubiera manifestado.

Ralph podía ser lo que el trabajo necesitara. Un día estaba con un durag y ropa vieja caminando los projects como si hubiera nacido allí; al siguiente, pulido y seguro, interpretando a un comprador con seis cifras y gusto por piezas coleccionables. Podía ser calle, podía ser fino; podía ser un proxeneta en un club o un millonario en el bar de un hotel. Por eso era raro. Por eso el NYPD le confiaba los casos que otros departamentos ni mencionaban en voz alta.

Éste era uno de esos casos.

El intel hablaba de una organización dominicana moviendo armas y cocaína desde el Park Lane Hotel, en Madison Avenue.
El nombre en boca de todos era Tommy Guns — un tipo que coqueteaba con el peligro con una sonrisa y escondía su negocio detrás de terciopelo y mármol.

Tommy Guns no era un vendedor cualquiera con unas pastillas en el bolsillo — era un nodo dentro de una máquina.
Tenía contactos en todas partes: cocaína, otras drogas, prostitución — lo que el cliente quisiera, él lo conseguía. Llaves para habitaciones en todo el Park Lane, empleados que miraban hacia otro lado, y un pequeño ejército que hacía sus mandados con eficiencia quirúrgica.

No era caos callejero.
Era una empresa criminal boutique vestida de lujo.

Eso lo hacía más peligroso. Clientes de alto nivel venían a él — hombres y mujeres con dinero, influencia y necesidad de discreción. No querían esquinas. No querían callejones. Querían privacidad, calidad y un sello de silencio. Tommy les daba el producto y la cortina: un cuarto en el décimo piso, un apretón discreto en el pasillo, nada que despertara al concierge.

No íbamos tras una pandilla de esquina.
Íbamos a pelar una red — compacta, organizada, que movía mercancía desde Washington Heights hasta los salones del Park Lane.

Esa red tenía capas:
*corredores, bodegas, vigilantes y clientes que pagaban por invisibilidad.*
Infiltrarla era más que hacer una compra.
Era romper la confianza entre el personal y el proveedor, mapear las rutas, ver quién recogía paquetes a medianoche, quién abría puertas con llaves que nunca salían de sus bolsillos. Era paciencia — mucha paciencia — ese tipo de trabajo quirúrgico que Will y yo respetábamos.

Ésta era la anatomía de la bestia.
Y estábamos a punto de empezar la disección.

Ralph tomó el papel de un millonario coleccionista de armas — educado, cortés, peligrosamente curioso por piezas raras. Esa piel le quedaba perfecta.

Ralph se movía como una serpiente y vestía la piel de un camaleón. Podía entrar en una selva de personas, cambiar de color y, de pronto, pertenecer. No actuaba un personaje — *se convertía* en él: la cadencia de la voz, la inclinación de la cabeza, la risa en el momento exacto. Lo había visto interpretar cada rol que el trabajo pedía — un buscavidas en el Village, un adicto tembloroso un día, un empresario pulido al siguiente. Incluso tomó personajes gay para casos en el Village cuando era necesario. No era espectáculo. Era oficio y supervivencia.

Para Tommy Guns, Ralph eligió otra piel:
un millonario de Long Island que coleccionaba armas raras y gastaba dinero los fines de semana en la ciudad. Llegó como alguien acostumbrado a ser atendido — zapatos suaves, palabras suaves, gusto por lo fino. Se sentó en el bar, dejó que la conversación fluyera, y cuando la gente de Tommy lo notó, él se balanceó en el papel como si hubiera nacido para eso.

La primera reunión fue charla ligera — armas, gustos, cómo se cuida una colección. Los ojos de Tommy apenas se abrieron. No se comprometió de inmediato. Pero Ralph regresó el siguiente fin de semana, y la temperatura cambió. Para la tercera visita, Tommy ya lo tomaba en serio.

Lo que le compró el acceso real a Ralph no fueron líneas sobre calibres o pavonados.
Fue como gastaba dinero.

Comía como si el menú de room service fuera su despensa privada: caviar, botellas que costaban más que una renta.
Y las propinas…
Cinco. Diez. Doscientos. Trescientos dólares a un mesero por servirle un trago.

Eso abre puertas.

Y casi le abrió una que no quería que se abriera — la oficina del jefe.

—Ralph —le dijo el jefe, directo como siempre—, ¿qué carajo estás haciendo dando propinas de trescientos dólares? Tú conoces las reglas. ¿Cómo explico eso en papel?

Ralph no titubeó.

—¿Quieres que actúe un millonario? Entonces déjame ser un millonario. ¿Quieres armas? ¿Quieres kilos? Ese es el costo. Tengo que vivir el papel.

Tenía razón.
Este trabajo exige sacrificio — a veces dinero, a veces reputación, a veces noches que nunca olvidas.

Y todos lo sabíamos:
cuando Ralph jugaba un papel, ese papel pagaba dividendos.

Tommy Guns se mordía el anzuelo.
Era cuestión de tiempo antes de cerrar la red.

Ralph comenzó solo — entrando despacio, midiendo cada cuarto antes de decir una palabra. Luego se lanzó por completo y nunca miró atrás. Su papel era tan natural que cualquiera juraría que había nacido rico.

Compró algunas armas — lo suficiente como para hacer real la historia.
Pistolas clásicas, rifles con pavón perfecto, piezas de colección que mostraban sofisticación. Ése era el genio de Ralph. Cada compra era una actuación. Cada apretón de manos, la ilusión creciendo.

Pero cuanto más mirábamos, más claro estaba que esto no era un hustle de una sola persona. Había jugadores:
*runners, mensajeros, intermediarios.*

Todos alimentando producto a la ciudad.

Los stash points estaban en Washington Heights — un barrio que alguna vez fue la capital mundial de la cocaína.

La historia de Washington Heights es la historia del cambio de poder.
En los ochenta, los colombianos controlaban todo.
Pero cuando cayeron los grandes nombres, los dominicanos tomaron el volante:
y lo hicieron mejor.

Mientras tanto, en Colombia, los jefes dejaron de buscar fama… y empezaron a comprar poder.
Hoy no hacen titulares — hacen políticas.

Esa cadena terminaba en manos de los dominicanos — los mismos que Ralph estaba cazando.

Por eso Ralph trajo refuerzo:
Dottie, investigadora senior.
No era undercover, pero era perfecta para el rol: rubia, elegante, ojos verdes, ese carisma que baja defensas.
Además era parte de la DEA (Detectives' Endowment Association) — protectora, fuerte, madre del comando.
La misma mujer que fue al hospital a verme cuando desperté con setenta y dos puntos en el estómago por una lesión de Jiu-Jitsu.

Los dominicanos la adoraban.
Ni se daban cuenta de que ella era la razón por la que se relajaban ante Ralph.

Ralph siguió con su historia de coleccionista. Comprando armas. Construyendo confianza.

Pero las armas no bastaban.
Las armas daban titulares.
Lo que daba peso federal eran las drogas.

Ahí entraba yo.

Yo era el enlace con la conexión colombiana — el hilo silencioso que unía sus entregas con algo mucho más grande. La cadena completa, desde el Park Lane hasta la selva.

Y estábamos a punto de apretarla.

## Armas, Cocaína y Veneno para Cucarachas

Habíamos cuadrado los números:
cinco armas para Ralph. Cinco onzas para mí.

Simple en papel.
Complicado en la vida real.

El equipo de campo era élite — investigadores senior, ex-undercover, expertos en vigilar sin ser vistos. Cada esquina tenía un ojo. Cada avenida, un motor en espera. La prioridad era la seguridad, aunque en el ámbito de los narcóticos la seguridad es una sugerencia, no una garantía. Si no tomas riesgos, no perteneces ahí.

Empezamos como siempre — en el bar, comiendo lo mejor del menú, manteniendo la ilusión perfecta.
Un trabajador de Tommy caminó hacia nosotros, deslizó una llave en la mesa y dijo:

—Los vemos arriba. Todo está listo.

Arriba, la habitación parecía un catálogo de dealer:
cinco armas alineadas sobre la cama
y junto a ellas, cinco onzas de cocaína apiladas como trofeos.

Qué escena.

Revisé el producto como revisa un policía viejo una cara — por textura, por color, por ese leve olor a queroseno que dejan algunos cocineros.
Todo coincidía.

Ellos estaban cómodos mostrándolo — y eso decía más que cualquier palabra.

Bajamos, nos metimos otra vez en nuestra mesa, y le pasamos el plan al equipo por radio.

La instrucción fue clara:
salir del hotel.
No podíamos quedarnos — seríamos patos fáciles.

El equipo de vigilancia tenía que seguir nuestro dinero con relevos, cambiando de carros y rotando posiciones — el trabajo que las películas nunca muestran.

Entregamos nuestro vehículo encubierto a un investigador que manejaba un RMP — patrulla marcada — estacionado a unas cuadras, listo para una extracción de emergencia.

Nos hicieron un intercambio rápido.
Ralph al volante.
Yo copiloto.

Y ahí nos cayó la realidad absurda:
dos policías encubiertos,
cinco armas extra en el baúl,
cinco onzas de cocaína,
manejando por la ciudad como turistas.

Nos miramos y nos reímos como hienas.

—¿Qué carajo estamos haciendo? —le dije.

Sin placas.
Sin identificación.
Rodando con suficiente armamento y droga para meter a cualquiera preso por décadas.

Pasamos por Avenue D y la gente nos miró como si fuéramos extraterrestres.
Agarré el altoparlante del RMP y dije con voz de presentador:

"Clear the corner" (Afuera de la esquina)

La gente se volvió loca.
Aplaudían, reían, saludaban.
Creían que unos locos habían robado una patrulla.

Nosotros saludamos como si nada.
Era tan ridículo que nos dolía la barriga de reír.

Una semana después, la red cayó.

Los equipos allanaron el stash house —
*kilos, prensas comerciales, adulterantes.*

Entre ellos:
veneno para cucarachas.
Sí. Ese frasco amarillo que la gente usa en la cocina.

Lo mezclaban con la coca.
La re-prensaban.
Y la vendían.

Es grotesco escribirlo —
pero es la verdad.

Cerramos el caso.
Arrestos hechos.
Armas recuperadas.
Kilos incautados.
Red desmantelada.

En Avenue D nos convertimos en cuento.
Para algunos pelados de las esquinas, éramos héroes.
Para los dealers de armas y cocaína, éramos su peor pesadilla.

De una forma u otra, credibilidad había sido comprada…
no con dinero,
sino con paciencia,

riesgo, y el tipo de fea experiencia que solo una larga carrera en narcóticos te enseña.

## El Cuerpo Bajo el Concreto

El destino tiene una forma extraña de dejarnos desorientados — de arrojarnos a lugares en los que nunca imaginamos estar. A veces no ofrece razones. Cuanto más analizas, cuanto más meditas en el porqué, más preguntas encuentras esperando en la oscuridad.

Nunca pensé que terminaría involucrado, aunque fuera indirectamente, en una investigación de homicidio ocurrida antes de que yo siquiera entrara a Narcóticos. Pero el destino no pide permiso. Simplemente te arrastra dentro de la historia.

El crimen ocurrió en abril del 2003.

La víctima era María Cruz, una analista financiera brillante, prometedora — educada, querida, respetada. Había acudido a lo que creyó sería un procedimiento cosmético sencillo, algo pequeño, algo para corregir una imperfección menor en la lengua. La dirección era un apartamento en Manhattan. El "doctor" era un hombre llamado Dean Faiello.

Excepto que no era doctor. Ni cerca.

Faiello era un impostor — un adicto, un hombre cuya necesidad de dinero y control borró cualquier línea moral que algún día pudo haber tenido. Su adicción no solo destruyó su vida… lo llevó a quitarle la vida a otra persona.

El caso era tan extraño, tan retorcido, que incluso los detectives que lo trabajaron dijeron que parecía escrito para una película criminal. Un día, María Cruz simplemente desapareció. Sin llamadas. Sin notas. Sin rastro. Una mujer con carrera estable, familia, amigos — desaparecida de la noche a la mañana.

La alarma sonó de inmediato. La familia reportó su desaparición y la NYPD comenzó a cavar.

El rastro los llevó a Faiello.

Estaba operando una práctica cosmética clandestina — ilegal, moviéndose de edificio en edificio, alquilando espacios en zonas elegantes, aprovechándose de clientes que creían recibir atención profesional y discreta. Ya había sido arrestado antes por hacerse pasar por doctor. Pero siguió.

Esta vez, lo alcanzó.

Durante el procedimiento a María, Faiello contrató a un supuesto anestesiólogo para asistirlo. Pero cuando María comenzó a convulsionar — sufriendo una reacción severa a la anestesia — él se paralizó. En lugar de llamar al 911 o llevarla a emergencias, dudó.

Luego diría en una confesión:
"Me asusté. No quería que me arrestaran otra vez."

Ese miedo le costó la vida a María Cruz.

Faiello afirmó que ella murió "en sus brazos".
Pero la cobardía no terminó ahí.
En vez de pedir ayuda, en vez de enfrentar lo que había hecho, metió el cuerpo en una maleta. Luego manejó cruzando el George Washington Bridge hacia Nueva Jersey — donde la enterró en el patio trasero de una casa que había comprado, sellándola bajo una capa de concreto que mezcló él mismo.

Una escena de película de terror.
Pero real.

Un vecino luego dijo que lo vio mezclando cemento durante los días posteriores a la desaparición de María — trabajando hasta tarde, caminando de un lado a otro, murmurando solo.

No tardó en mostrarse la culpa.
Faiello vendió esa misma casa por medio millón de dólares y desapareció en Costa Rica. Tal vez pensó que podía huir de los fantasmas. Tal vez creyó que el concreto guardaría su secreto para siempre.

Durante casi diez meses, los investigadores buscaron, entrevistaron, siguieron pistas frías — hasta que por fin la encontraron.

El cuerpo de María, encerrado bajo el cemento que él mismo mezcló para enterrarla.

Creyó que enterraba su pasado.
Lo que enterró fue su confesión.


### El Dealer, el "Doctor" y la Confesión

Siempre he dicho que la tecnología puede salvarte o destruirte — depende de qué lado estés. En este caso, nos ayudó de una forma que nadie esperaba.

Los celulares nunca olvidan.
Cada llamada, cada mensaje, cada antena celular deja un rastro — migas de pan del camino de una vida. Con la tecnología actual, esas migas se vuelven un mapa.

Puedes saberlo todo de alguien solo estudiando sus registros:
con quién habla, por dónde camina, qué come, la ruta al trabajo, a quién ama y a quién le miente.

Y eso sin orden judicial.
Con una orden, las puertas se abren todavía más.
Dejo el resto a tu imaginación.

A través del teléfono de María Cruz, los detectives confirmaron que había estado en contacto con Faiello.
Pero a través del teléfono de Faiello, aparecí yo.

Faiello tenía récord — arrestos por posesión de narcóticos, entre otros cargos.
La cocaína era su sombra, el demonio que lo movía, que lo hacía mentir, que lo empujó a hacerse pasar por doctor para mantener el dinero fluyendo.

En los registros del día en que María murió, había múltiples llamadas a un número — un dealer local muy conocido.

Todo empezó a encajar.
Si un hombre como Faiello estaba en problemas, asustado, desesperado...
¿a quién llamaría?

No a un abogado.
No a un amigo.
Llamaría a su dealer.
Al hombre que le daba su escape.

Y los dealers como él — los de verdad — no hablan con la policía. No cooperan. No confiesan. Sobreviven en silencio.

Así que cuando identificamos al dealer con el que Faiello habló el día de la muerte, sabíamos lo que había que hacer.
Había que entrar en su círculo, ganarnos su confianza, hacer compras hasta que creyera que yo era uno de los suyos. Y solo entonces hacer las preguntas correctas — las que pondrían el último clavo en el ataúd de Faiello.

El dealer frecuentaba The Village, en el downtown de Manhattan, y la mayoría de sus clientes venían de la comunidad gay.
Ése era su territorio.

Así que allá fui.

Una noche, frente a un club que él visitaba, hice mi primera compra.
La barrera se rompió al instante.
Me vendió sin dudar.

Ahí entré.

De ahí obtuvimos su nuevo número.
Ahora podíamos mapear su operación, seguir a sus clientes y entender su red. Empezamos pequeño — nunca te presentas pesado al inicio.
Construyes necesidad, construyes lealtad.

Pero el tiempo no estaba a nuestro favor.
Faiello ya había sido extraditado de Costa Rica.
Los fiscales preparaban el juicio.
Tenían el cuerpo, la evidencia, la línea de tiempo — pero necesitaban una última pieza:
una confesión o un testigo clave.

Así que empecé a comprar más.

Este dealer no estaba acostumbrado a pedidos grandes. Su negocio eran bolsitas de cincuenta dólares — medio gramo de lo que yo generosamente llamaría basura. El laboratorio luego dijo que la pureza era como del cincuenta y cinco por ciento… en un buen día.

Más de una vez me enojé.
Le dije directo que tenía que mejorar la calidad.
No puedes jugar a ser un comprador serio sin desafiarlo.

La calidad subió un poco.
El precio también.
Matemática callejera.

Ellos pesan la bolsa con el plástico.
Te roban del gramo.
Así funciona.

La cocaína que llega desde Colombia ya viene partida en dos — cortada con leche en polvo si el distribuidor tiene conciencia, o con químicos si no la tiene.
Los químicos hacen el high más fuerte… y la adicción más profunda.

En una redada encontramos que estaban re-prensando kilos después de cortarlos con veneno para cucarachas — esos frascos amarillos que se ven por toda Latinoamérica.

Increíble lo que la gente se mete sin saberlo.

Empecé a llamar la atención.
Nadie compra tantas bolsitas de cincuenta sin revender.
Así que dije que era dealer pequeño, revendiendo en los Hamptons, en fiestas de millonarios con un DJ amigo. Esa historia le encantó.

Entonces dije: ya basta.

Ya había confianza.
Era hora de tensar la cuerda.

Comenzamos a grabar — audio y video — las últimas compras.
Cada venta era otro clavo en su expediente.

Lo teníamos frío.

Era suficiente.
Los fiscales querían esto limpio.

El día llegó.
Hice otra compra.
Él llegó, misma esquina, misma rutina.
En segundos, el equipo de arresto se le vino encima.

Lo metimos rápido en la van — nuestro transporte encubierto.
No vio venir nada.

Me subí después.
Saqué mi placa.
La cara que puso… dijo todo.
El cielo se le derrumbó.
Con su récord, estaba viendo unos quince años fácil.

No necesitó mucho empuje.
Sabía que estaba entre la espada y la pared.

Y comenzó a hablar.

Las piezas salieron una por una — lo que habló con Faiello, cómo se conocían, las llamadas, las conversaciones que lo vinculaban al día de la muerte de María Cruz.

Esa confesión fue el puente.
Ya teníamos un testigo.

Los detectives de homicidios habían logrado lo imposible — recuperar el cuerpo, armar la línea de tiempo, asegurar la extradición.
Ahora tenían lo que más necesitaban:
un testigo dispuesto a testificar contra Dean Faiello.

El 4 de diciembre del 2006, Faiello se declaró culpable del asesinato de María Cruz.
Durante su declaración dijo, llorando:

"Yo tenía la responsabilidad de salvar su vida. Pude hacerlo. No lo hice."

Fue sentenciado a veinte años en prisión estatal.
Su fecha de libertad condicional quedó fijada para 2022.

Otro caso cerrado.

Otro recordatorio de que la adicción no destruye solo al usuario — envenena a todos a su alrededor.

Faiello lo perdió todo.
María Cruz perdió la vida.
Y los demás quedamos en medio, mirando otra historia que nunca debió ocurrir.

## El Investigador

De una forma u otra, los casos seguían cayendo sobre mi escritorio.
Y mi motivación—si acaso—crecía con cada uno.

Siempre he creído que Dios pone ciertas cosas en nuestro camino por una razón.
Tal vez este era el momento de pagar mis deudas, de enfrentar el trabajo que Él quería que yo hiciera.

Este caso empezó con dos hermanos chinos que vivían en Manhattan. Les había comprado todo tipo de narcóticos—cocaína, éxtasis, cristal—y aun así no lograba entender por qué eran tan confiados. Tal vez llevaban años en eso y nadie había sospechado nada.

Vivían con su abuela en un apartamento cómodo de tres habitaciones en los proyectos. Tenían todos los lujos que el dinero puede comprar—relojes Rolex, cadenas de oro que no eran exageradas pero gritaban veinticuatro quilates, y carros de lujo estacionados al frente. Eran producto de su entorno. Todo el barrio los conocía. Encajaban perfecto, protegidos por la familiaridad. Nadie iba a molestarlos.

No eran los típicos dealers de calle.
No tenían corredores, ni empleados.
Ellos mismos hacían las entregas—puerta a puerta, como un servicio de concierge de lujo pero para narcóticos. Eran farmacias ambulantes, repletas de lo que te imaginaras.

Llegó un punto en que ya no sabía qué más comprarles. Por lo general, un undercover se limita a uno o dos tipos de droga por objetivo. Cuanto más variedad pides, más riesgo de levantar sospechas. Pero estos tipos tenían de todo.

Un día me mostraron algo nuevo: Ketamina—mejor conocida como la droga de violación. La misma que usan en discotecas y bares para quitarle a una mujer su control, su memoria… su capacidad de defenderse. En Colombia la llaman burundanga, aunque esta versión era menos letal. Igual, el peligro era el mismo.

Compré unas cuantas botellas.
Lo suficiente para confirmar lo que teníamos en las manos.

Ese fue el punto de quiebre.

No podíamos dejar que esto continuara.
No sabíamos quién estaba comprando esa droga, y en manos equivocadas, la Ketamina no solo mata el cuerpo—mata la inocencia.

Se emitió una orden de allanamiento.

Nadie esperaba lo que encontramos.

Cuando entramos a ese apartamento, pensamos que hallaríamos unas cuantas bolsas de narcóticos, tal vez algo de dinero. Pero lo que descubrimos iba mucho más allá.

El lugar estaba lleno—cajas de zapatos por todas partes.
No con zapatos, sino con dinero.
Rollos y rollos de billetes de todas las denominaciones.

Cuando terminamos de contar, el total superaba 1.2 millones de dólares en efectivo.

Y cuando digo "recuperado", lo digo en serio. Parte de ese dinero era nuestro—el dinero de las compras que habíamos usado en operaciones anteriores para adquirir cocaína, cristal, Ketamina y éxtasis. Nunca lo lavaron, nunca lo movieron, ni siquiera lo escondieron. Estaban tan cómodos que dormían sobre su propio dinero—billetes bajo el colchón, en gavetas, en los closets.

La ironía era absurda.

Vivían en vivienda pública—apartamentos subsidiados para familias de bajos ingresos—sin pagar renta, con luz gratis, agua gratis, y gracias al programa de Obama, incluso un celular gratis.

Y aun así dormían sobre un millón de dólares en efectivo ilegal.

Confiscamos todo—relojes de lujo, cadenas de oro, el dinero. Todo pasó a evidencia, y luego fue subastado por la NYPD para financiar futuras operaciones.

Pero lo más interesante del caso no fueron ni las drogas ni el dinero.

Fue lo que vino después.

Meses después, tras la sentencia de los hermanos, recibimos un aviso oficial desde One Police Plaza.
Nuestro equipo había sido seleccionado como Detectives del Mes por el trabajo hecho en esa operación.

Era un honor que se sentía distinto—no por la placa o la foto, sino porque en una ciudad con miles de detectives que lo daban todo a diario, alguien había notado el trabajo.

Fuimos a la ceremonia como equipo. Todos del Major Case estaban allí— incluido mi compañero encubierto, el mismo que había hecho varias compras conmigo durante el caso. Cuando la ceremonia terminó y entregaron las placas, nos reunieron a todos para una foto grupal.

Esa foto aparecería después en la revista del Detective Bureau, impresa y distribuida cada seis meses en todos los precintos.

Y ninguno de nosotros sabía que esa foto—con sonrisas que escondían cansancio e historias sin contar—marcaría el fin de un capítulo en mi carrera… y el inicio de otro que lo cambiaría todo.

## La Exposición

Siempre que el departamento publicaba la revista del Detective Bureau, incluía fotos de grupo.
Cada ceremonia, cada reconocimiento, cada "Detectives del Mes" traía una.

Y también existía una regla—no escrita, pero conocida por quienes vivíamos bajo la sombra del encubierto:

Si un detective undercover aparecía en una foto, siempre se le aplicaba algo borroso en la cara.
Una neblina apenas visible para proteger la identidad de quienes caminábamos esa línea invisible entre policía y criminal.

Nunca sabías dónde podían terminar esas revistas.

Cuando salió la edición de nuestro caso, algo salió terriblemente mal.

Fue un error administrativo, una falla en la cadena de edición—pero el daño ya estaba hecho.
La foto salió sin blur.
Mi cara y la de mi compañero—dos encubiertos activos—aparecían ahí, claras como el día.

Para cuando alguien lo notó, ya era tarde.

Las revistas habían sido distribuidas—cientos de copias por toda la ciudad.

Dos días después, recibí la llamada.

Era la teniente, la coordinadora de todos los undercovers en ese entonces. Su tono era agudo, tenso.

"Andres," dijo, "¿qué piensas de esta situación?"

Le dije la verdad.
No me gustaba.
Para nada.

Silencio. De esos silencios que pesan.

"Está bien," dijo al final. "Te llamo luego."

Dos horas después, entró otra llamada.

Órdenes.

Debíamos detenernos—sin trabajo encubierto, sin compras, sin operaciones en la calle—hasta nuevo aviso.

Recuerdo colgar y quedarme mirando la pared.
Choque.
Confusión.

¿Había dicho algo mal?
¿Había parecido muy directo?
¿Ahora era un riesgo?

Pasaron los días.
Nada.
Ni una instrucción.

Hasta que una mañana nos dijeron que debíamos reportarnos a una oficina pequeña al otro lado del pasillo.
Sin asignaciones.
Sin casos.
Solo responder teléfonos.

Al principio pensé que era temporal.
Una pausa.

Pasó una semana.
Después dos.

Me sentaba en ese escritorio viendo los minutos arrastrarse. Pensaba:
¿Qué carajo está pasando?

Había pasado de ser uno de los mejores encubiertos—haciendo compras, abriendo casos enormes—
a ser un secretario contestando llamadas.

Y no era solo yo.
También sentaron a mi compañero allí.

Fue entonces cuando comenzaron los rumores.

Alguien de la oficina del sindicato—la misma gente que se supone debía protegernos—empezó a soltar comentarios.
Supuestamente yo había dicho que planeaba demandar al departamento por exponer mi identidad.

Total mentira.

Pero en esta línea de trabajo, la percepción corre más rápido que la verdad.

La envidia funciona como veneno.

Cuando la gente te ve vulnerable—cuando huele miedo—no ayuda.
Te rodean.

Algunos por celos.
Otros porque sentirse más altos requiere ver a otro caer.

Lo confronté. Caminé hacia él y le dije directo:

"¿De dónde carajo sacaste eso? No hables mierda de mí."

Se quedó frío.
Tal vez no esperaba eso de mí.
Nunca fui el tipo confrontacional—menos aún con los míos.

Ni los criminales que arresté tenían malas palabras hacia mí.

Pero ya estaba cansado de quedarme callado.

Fue un capítulo oscuro. Uno de los peores de mi carrera.

Pasar de la adrenalina del encubierto—el caos, el peligro, el propósito—a sentarme en una silla respondiendo teléfonos como un empleado olvidado…

Pegó fuerte.

Pero a pesar de todo, tenía la conciencia limpia.

Yo sabía quién era.
Sabía los sacrificios que había hecho, las noches en cuevas de crack, las compras que pudieron salir mal en cualquier segundo.

Así que después de unas noches de reflexión, lo acepté.

Me quedé en ese escritorio.
Respondí cada llamada.
Esperé.

Porque en el fondo sabía algo:

Dios no desperdicia el dolor. Cada desvío, cada retroceso, cada humillación—
todo hace parte del diseño. Y cuando Él estuviera listo, abriría la próxima puerta.

### La Promoción

Unos días después, recibí una llamada que jamás hubiera imaginado.

Era la secretaria del Jefe del Organized Crime Control Bureau — OCCB. En ese entonces, ese puesto lo ocupaba el Chief Izzo, un hombre respetado por todo el departamento. Nunca escuché a nadie hablar mal de él. Era conocido por su temperamento fuerte, su disciplina, y su profunda experiencia en Narcóticos.

La voz de la secretaria era tranquila pero directa:

"En cinco minutos, el Jefe lo va a llamar. Asegúrese de contestar."

No sabía qué pensar.

En esa época, James O'Neill —quien años más tarde sería el Comisionado de la Policía de Nueva York— era el Chief of Narcotics. Él mismo me había felicitado por mi trabajo en el caso de Robert Chambers y en otra investigación importante. Eso había significado mucho para mí.

Pero nunca había hablado con Izzo.
No tenía idea de por qué quería llamarme.

Cinco minutos después, el teléfono sonó.

Me llamó por mi nombre.
"Hola, Andrés," dijo. "Felicidades por su promoción."

Por un momento, no supe ni qué decir.
Estaba confundido.

"¿Promoción?" pregunté.

"Sí," dijo él. "En dos días será promovido a Detective Second Grade. Quería felicitarlo personalmente. Se lo ganó."

Cuando colgué, me quedé sentado, paralizado.

Después salí al estacionamiento, me quedé bajo el cielo abierto, y levanté la mirada.

No podía creerlo.

En lo que habían sido los días más oscuros de mi carrera, cuando me sentía olvidado, puesto a un lado, Dios abrió una puerta que nunca vi venir.

Lo agradecí ahí mismo, en silencio, en ese estacionamiento.

Regresé arriba y se lo conté a mi equipo.
Ellos estaban tan emocionados como yo.
Se sentía como una victoria para todos, no solo para mí.

Dos días después, se llevó a cabo la ceremonia.

Las promociones de encubiertos son eventos pequeños, discretos—sin prensa, sin cámaras, sin discursos. Solo unas pocas personas pueden entrar. Cada detective puede traer solo a dos familiares, y las fotografías están estrictamente prohibidas para proteger nuestras identidades.

Ese día solo estaban promoviendo a cuatro detectives más.

Cuando escuché mi nombre y me entregaron el certificado—Detective Second Grade—sentí el peso de cada caso, cada noche sin dormir, cada riesgo que había asumido.

Cuatro años en Narcóticos.
Dos promociones.

Estaba parado en la cima de mi mundo.

Cuando regresé a la oficina, estaba listo para seguir—volver a la calle, volver al trabajo que me definía.
Pero entonces sonó otra llamada.

Esta vez era el teniente administrativo.

Me dijo:

"Detective Mahecha, llegó un mensaje por teléfono y ya fue registrado en el command journal. A partir de mañana, queda reasignado como Detective Investigator."

Así, de un día para otro, mi rol cambió.

Ya no era un encubierto.
Ahora era un investigador en Narcóticos.

Y no me molestó tanto como algunos podrían pensar.
Había trabajado codo a codo con investigadores durante años, ayudando a construir casos desde adentro. Sabía cómo funcionaban las cosas. Estaba listo.

Aun así, siempre veré esos años como encubierto como algunos de los mejores de mi vida.
Me hicieron quien era.
Me dieron mi placa, mi rango, y un orgullo que solo nace después de caminar hacia el peligro y salir al otro lado.
Y tuve el privilegio de obtener dos promociones como undercover.

Ahora empezaba un nuevo capítulo—un capítulo de estrategia, precisión y liderazgo.

Un capítulo que me llevaría más profundo, a un mundo de investigaciones grandes y complejas.

Y yo estaba listo para él.

## Capítulo 7 — División de Investigaciones de Crimen Organizado

Siempre quise ir más alto.
Cada caso, cada arresto… siempre sentí que era un ensayo para algo más grande.
Mi meta nunca fue quedarme en lo local.
Era rastrear el veneno hasta su origen, llegar hasta donde estaban los verdaderos jugadores.

Regresar a mis raíces.
Regresar a Colombia.

De ahí venían los verdaderos capos.
Los carteles.

Las redes que movían miles de millones a través de océanos mientras en Nueva York la gente moría en callejones y apartamentos por sobredosis. Yo quería llegar a la cima — entenderla, desmantelarla y golpear donde más dolía.

Fue entonces cuando leí por primera vez sobre una unidad que se estaba formando dentro del NYPD.

BEST — *Border Enforcement Security Task Force.*

El nombre lo decía todo.
Ahí era donde yo quería estar.

BEST operaba bajo la Organized Crime Investigation Division (OCID), una rama especializada dentro del Organized Crime Control Bureau.
OCID no era Narcóticos ni Vice.
Eran la élite — investigadores veteranos que pasaban años construyendo casos complejos, de largo alcance, que cruzaban estados y fronteras.

Los que se metían en lo profundo — gente que vivía entre reportes de vigilancia, interceptaciones y coordinación internacional.

Los mejores entre los mejores.

Dentro de OCID, los detectives podían ser asignados a varias unidades federales:

JTTF — *Joint Terrorism Task Force* (FBI)

DETF — *Drug Enforcement Task Force* (DEA)

Strike Force — otra unidad dirigida por la DEA para organizaciones de alto nivel y por ultimo

 BEST — que trabajaba directamente con Homeland Security (DHS)

Pero BEST no era solo un equipo interagencial más .Era mucho más poderoso.

Un grupo binacional. Agentes estadounidenses y oficiales de la Policía Nacional de Colombia asignados directamente en Nueva York para trabajar juntos contra los carteles.

Eso era. Ese era mi llamado.

Si había una forma de conectar mis dos mundos — NYPD y Colombia — era esa.

Así que apliqué.

Pero en el NYPD, entrar a una unidad así no pasa de la noche a la mañana.

Requiere tiempo.
Y requiere lo que todo el mundo sabe que hace falta en este trabajo:

Una llamada.

Esa es la regla no escrita. Necesitas a alguien lo suficientemente alto para susurrar tu nombre al oído de otro más alto.
El mérito ayuda…
Pero la influencia corre más rápido.

Lo había visto demasiadas veces.

Había una muchacha que jamás olvidé — una oficial administrativa asignada a escritorio en OCCB. Nunca escribió una affidavit, nunca ejecutó una orden de allanamiento, nunca dirigió un caso.
Y aun así, promoción tras promoción.
De oficial a detective.
Luego second grade.
Luego first grade.

Todo sin haber puesto un pie en una operación.

Todos sabían cómo funcionaba.
A nadie le gustaba.
Y nadie podía hacer nada.

Era parte del sistema.

Aun así, yo no era el tipo que renunciaba solo porque las probabilidades estaban en contra.

Así que esperé.

Dos años completos.

Hasta que, finalmente, una tarde llegó la llamada.

Era un teniente de OCID. Su voz era casual, casi probándome.

"Hey, Mahecha… ¿todavía quiere venir a trabajar aquí?"

Ni dudé.

"Por supuesto."

Se rió un poco.
"Bien. Tiene su entrevista el lunes por la mañana. Será con un panel — incluyendo al Inspector. Vístase acorde."

Y eso fue todo.

Después de dos años esperando, dos años soñando con una oportunidad en las grandes ligas, por fin tenía mi entrada.

Era mi entrevista para OCID, una de las divisiones más exclusivas y respetadas del NYPD.

No lo sabía entonces, pero esa sola reunión iba a iniciar una cadena de eventos que me sacaría de Nueva York, me llevaría al corazón del crimen transnacional y me hundiría en Colombia más de lo que jamás imaginé.

**La Entrevista**

La semana siguiente tenía mi entrevista con el Inspector y el panel completo de OCID.
Había esperado dos años por ese momento — dos años imaginando qué diría, cómo me presentaría, cómo demostraría que pertenecía a una de las divisiones más élite del departamento.

Pero el destino, como siempre, tenía otros planes.

La noche antes de la entrevista estaba metido en un caso activo — una dominicana que distribuía cocaína para un cartel mexicano en Washington Heights. La había estudiado por semanas. Mi informante estaba a punto de conseguir acceso completo a su apartamento — sospechábamos que era una caleta cargada de producto. Todo estaba listo. Apartamento identificado, vigilancia montada, y solo me faltaba el probable cause lo suficientemente sólido para que un juez firmara la orden.

Esa mañana, diez minutos antes de entrar a la entrevista, recibí una llamada del informante.

Su voz temblaba pero era urgente:

"Boss, sacaron cinco kilos del apartamento. Y dejaron a alguien adentro cuidando el resto. Parece que hay por lo menos cincuenta kilos."

Sentí la adrenalina golpearme como una descarga eléctrica.

Cincuenta kilos era peso de cartel — nivel distribución, suficiente para activar a la DEA, Homeland, todos.

En segundos mi mente cambió de modo entrevista a modo operativo.

Ahí mismo en la sala de espera empecé a hacer llamadas — a mi supervisor, al fiscal, a los investigadores de campo — coordinando posiciones, vigilancia, movimientos.

Y antes de terminar, escuché:

"Detective Mahecha, están listos para usted."

Respiré hondo, entré a la sala y tomé asiento frente al Inspector y varios supervisores.

El Inspector se inclinó hacia adelante y preguntó:

"Detective, cuénteme sobre algún caso importante que haya trabajado... o que esté trabajando ahora mismo."

Me quedé en silencio un segundo.
La mitad de mi cabeza seguía en Washington Heights.

Así que dije la verdad.

Le expliqué, rápido y directo: la dominicana, el cartel mexicano, los cincuenta kilos, la llamada que había recibido hacía minutos.

Me miró serio…
Y luego sonrió apenas.

"Bueno," dijo, "¿y qué carajo hace aquí? Váyase a correr su operación. Y me llama más tarde para contarme cómo salió."

Pensé que había escuchado mal.
No supe si reír o disculparme.

La entrevista duró cinco minutos.

Los candidatos antes que yo habían estado adentro media hora, quizá cuarenta y cinco minutos. Cuando salí, los dos investigadores en la sala me miraron como si acabaran de despedirme.

"¿Todo bien?" preguntaron.

"Sí," dije. "Todo bien."
Y me fui.

Regresé al comando con la cabeza a mil. Sacamos la orden de allanamiento y esa misma noche entramos al apartamento.

Parecía un escenario falso — limpio, vacío, casi clínico.
Una cama, dos muebles, closets intactos.
Por un momento pensé que nos habíamos equivocado de puerta.

Un muchacho de unos veinte años estaba tirado en la cama con una gorra, viendo televisión, como si nada en el mundo le importara.

Llamé de nuevo al informante.
Tranquilo.
Seguro.
Insistió en que el producto estaba ahí, que había una lista de distribución, que los kilos salieron de ese mismo cuarto.

Nada encajaba.

Entonces uno de los tenientes — un veterano, cara de mapa arrugado y diez mil horas de calle — entró al baño, miró el piso, los dos destapadores apoyados junto al lavamanos, y entornó los ojos.

"Ya he visto esto."

Tomó un destapador y nos pasó los otros dos.

"Golpeen el piso. Escuchen."

Parecíamos idiotas al principio — golpeando el linóleo como músicos sin ritmo.
Pero cuando movimos la cama, el teniente metió el destapador en una esquina, haló… y el piso se levantó.

El eco que salió de abajo era hueco.

Ahí estaba.

Un canal largo, estrecho, tallado bajo el piso.
Las "caletas invisibles" de los Heights.

Los kilos estaban apilados como ladrillos.
Tuvimos que sacarlos con un palo, uno por uno.
Solo quedaban cinco.
Todos marcados con números — 1025, 1030, 1055, 1010 — pesos completos con envoltura.

Encontramos otra caleta en un closet — una contadora de billetes, bolsas, básculas… herramientas del oficio como trofeos.

Simple.
Brillante.
Frustrante.

Así escondían los kilos en los Heights — justo bajo tus pies.

La operación salió limpia.
Cinco kilos recuperados.
Un arresto.
Cero lesiones.

El resto del cargamento ya estaba en la calle.
Así de rápido se movía el negocio.
Un envío caía y en horas ya estaba cortado, embolsado, vendido.

Ese era el ritmo — confianza, tiempo y miedo.

A la mañana siguiente, envié mi informe al teniente.
Él lo remitió directamente al Inspector que me había entrevistado.

Y sin reunión de seguimiento, sin segunda entrevista...

Llegó la llamada.

Estaba dentro de la Organized Crime Investigation Division.

No por política.
No por una llamada.
Sino por resultados. La única moneda que vale en la calle.


**El Arte Suave**

Acababa de recibir la noticia de que había sido aceptado en OCID, y era cuestión de semanas antes de que llegaran las órdenes oficiales. En ese momento yo estaba trabajando desde Manhattan South, pero lo habíamos perdido todo después de una tormenta enorme. Nuestra oficina quedaba debajo del FDR, justo al lado del agua, y cuando entró la surge se llevó todo.

Perdí mi locker, mi escritorio, mi computadora... hasta mi carro. Lo había dejado parqueado ahí cerca, y cuando regresé, ya no estaba—se lo había tragado el agua.

Nos reubicaron en la Police Academy, quinto piso, trabajando desde un salón de clases grande lleno de computadores y detectives sentados codo a codo. Sin escritorios propios, sin privacidad, solo caos organizado. Podías oler la frustración en el aire.

El olor a café quemado mezclado con impaciencia. Se sentía—la rabia silenciosa de estar sacado de la calle y pegado a una pantalla. Pero incluso con el desorden, el trabajo nunca se detuvo. Los detectives seguían corriendo operaciones, haciendo llamadas, dando seguimiento a casos. Todo andaba más lento de lo normal. Éramos como leones en jaula—inquietos, esperando el siguiente movimiento, esperando que pasara la tormenta para volver a hacer lo que estábamos hechos para hacer.

Durante esas semanas ahí, terminé con más tiempo libre del que estaba acostumbrado. Y si hay algo para lo que nunca he sido bueno, es para quedarme quieto. Así que decidí volcar esa energía extra en mi segunda pasión—el Brazilian Jiu-Jitsu.

Siempre ha sido así para mí: cuando la calle se queda en silencio, encuentro paz en los tatamis.

Empecé a entrenar cuando salí del ejército. Antes de eso había hecho un poco de judo, un poco de grappling, la mayoría del tiempo jugando con mis compañeros en "el hueco"—un pedazo de tierra suave detrás de la compañía donde nos ahorcábamos unos a otros tratando de imitar las peleas del UFC. Pero cuando salí, quería algo real.

Una noche, mientras entrenaba en un gimnasio 24 horas llamado BQE, subí a levantar pesas y vi un grupo de tipos rodando en los mats debajo de mí. Lo que estaban haciendo no era una pelea—era otra cosa. Controlado. Estratégico. Parecía ajedrez, pero con cuerpos.

El coach era un brasileño—Marcelo Melo, un peleador que se estaba preparando para el UFC 20, armado como una pantera: calmado pero peligroso. Sus movimientos eran sin esfuerzo, como si estuviera resolviendo rompecabezas que los demás ni siquiera entendían todavía. Iba sometiendo a uno tras otro sin ni siquiera sudar.

De cerca, le noté algo más—las orejas. Hinchadas, deformes, de esas que solo te salen después de años de fricción y golpes. Los peleadores las llaman cauliflower ears—no son bonitas, pero son una insignia de honor. Eso no se puede fingir. Son las cicatrices de mil roles, mil peleas, mil noches aprendiendo a sobrevivir cuando alguien el doble de grande quiere partirte por la mitad.

Ahí supe que esto no era una clase cualquiera de artes marciales. Marcelo no era un aficionado ni un peleador de fin de semana—era de verdad.

Eso fue en 1998. Y desde entonces, en cada etapa de mi carrera en el NYPD, seguí entrenando. A veces antes del amanecer en la academia. Otras veces pasada la medianoche, después de un turno de 4 a 12 en Queens North, donde la comandancia estaba pegada a un YMCA que tenía mats de gimnasia en la parte de atrás. Sin excusas.

El Jiu-Jitsu no se trata solo de fuerza—es estrategia, disciplina y autocontrol. Me enseñó a mantener la calma bajo presión—algo que me salvaría la vida más de una vez más adelante.

Unos días antes de mi asignación oficial a OCID, estaba rodando en el tatami con un cinturón blanco nuevo. Los cinturones blancos son la gente más peligrosa con quien entrenar—no tienen control, solo fuerza. Y esa combinación es mala.

Este tipo era una bestia, un Marine, armado como un tanque, dueño de un bootcamp de fitness en Manhattan. Cuando lo atrapé en un triángulo estrangulado, se asustó, se paró de golpe y me azotó contra la lona, hundiendo el codo directo en mi estómago.

Dolió. Mucho.

Lo solté, rodé hasta la pared y le dije que tenía que parar.

Esa noche me fui a la casa callado, con un dolor que no hacía sino empeorar.

A la mañana siguiente manejé a la casa de mi mamá. Me vio la cara y supo que algo no estaba bien. Le dije que pensaba que tal vez era una intoxicación o algo de la comida. Como toda mamá, me preparó su cura para todo: una sopa de papa con cilantro.

Me comí la mitad del plato y el dolor se volvió insoportable. Luego mi papá, que creía que el limón curaba desde el dolor de cabeza hasta el despecho, llegó con un limón, un Alka-Seltzer y una gaseosa—lo que él llamaba "la bomba". Y lo fue.

Minutos después de tomarme eso, sentí como si el estómago me fuera a explotar. Apenas podía respirar. Tenía que ir al hospital—rápido.

Lo que yo no sabía era que cuando el Marine me azotó, el codo entró tan profundo en mi abdomen que me torció los intestinos. El flujo de sangre y oxígeno se había detenido por completo. Me estaba muriendo por dentro.

Lo siguiente que recuerdo es despertar en una cama de hospital con 72 grapas atravesándome el estómago.

Tuvieron que abrirme, desenredar mis intestinos y traerme de vuelta del borde.

Y así, estaba a punto de entrar a la división investigativa más prestigiosa del NYPD… mientras yacía en una cama de hospital, cosido como Frankenstein, preguntándome si iba a regresar a tiempo al trabajo o si otro se iba a quedar con mi puesto.

Todo por amor al arte suave—el arte que una vez casi me mata, pero también me enseñó a vivir. En ese entonces tenía opciones pero no tenía experiencia. Hoy entreno y enseño con propósito. El Jiu-Jitsu no es peligroso cuando está guiado por conocimiento—es un espejo que revela quién eres de verdad bajo presión.

Porque tuvieron que abrir mi core—el centro mismo de mi cuerpo—para meterse hasta el fondo, sacar mis intestinos, desenredarlos sobre una mesa y luego volver a acomodarlos donde pertenecían. Pusieron una malla sobre la herida y sellaron todo con setenta y dos grapas metálicas. Por fuera no se veía tan mal. Pero por dentro, la recuperación iba a tomar tiempo.

El doctor me dijo: «Nunca más va a poder hacer Jiu-Jitsu».

Yo sonreí. Muy dentro, ya sabía que eso no era verdad.

Tomé unas semanas de vacaciones después de la cirugía para concentrarme en recuperarme—sanar no solo el cuerpo, sino la mente y el espíritu. Me fui a Florida, pasé tiempo con mis papás y encontré consuelo cerca del mar. Cada mañana caminaba por la playa encorvado hacia adelante, el cuerpo tenso y adolorido, cada movimiento recordándome que me habían abierto por dentro. Pero seguía caminando. Estiraba, respiraba, sanaba.

Y entonces, estando todavía en Florida, llegó la llamada.

Alguien de OCID me dijo que me iban a asignar a la Joint Terrorist Task Force—JTTF—con el FBI. El corazón se me disparó. Ese era uno de los posts más prestigiosos que uno podía conseguir en el NYPD—un task force federal, investigaciones de alto nivel, casos realmente internacionales. Pensé: este es el sueño. Las grandes ligas.

Pero la vida, como siempre, tenía otros planes.

Una semana después, llegó otra llamada explicando lo que había pasado. Yo me había perdido la reunión con el Inspector mientras todavía estaba de vacaciones. En ese tiempo, uno de los detectives asignados a la unidad de marcas registradas y falsificación de OCID—también bajo Organized Crime—había rechazado ese puesto. Vivía en Staten Island y no quería lidiar con el viaje largo y los peajes caros. Lo que él no sabía era que los detectives de OCID tenían vehículos asignados para llevarse a la casa. Pero para cuando se enteró, la decisión ya estaba tomada.

El Inspector necesitaba a alguien que viviera cerca, alguien local de Queens. Yo vivía a una cuadra de Queens Boulevard, a diez minutos de College Point, donde estaba basada la unidad. Así que hicieron el cambio.

El detective de Staten Island se quedó con mi puesto soñado en la Joint Terrorist Task Force del FBI.

¿Y yo?

Terminé asignado a la Trademark and Counterfeit Unit—lo que yo y mis antiguos compañeros encubiertos llamábamos la "policía de las carteras".

Era irónico—después de años persiguiendo dinero de cartel, armas y dope, ahora estaba detrás de carteras Gucci falsas y cinturones Louis Vuitton de imitación. Pero lo que yo no sabía entonces era qué tan profundo llegaba realmente ese mundo—y cómo el crimen organizado no siempre lleva cadena de oro ni pistola. A veces se viste de traje, mueve contenedores desde el otro lado del mundo y se hace llamar "empresa".

Como venía de Major Case Narcotics, ya tenía la experiencia de trabajar casos grandes y de largo plazo. Ahí estaba mi corazón. Yo quería crecer—ir más arriba, más profundo, más lejos. Pero el equipo BEST no estaba disponible en ese momento, y la asignación que me dieron no era exactamente la que yo quería. Igual me dije que iba a hacerlo funcionar. Siempre hay que empezar por algún lado, y esta era mi puerta de entrada a la Organized Crime Investigation Division—OCID.

Así que me presenté en mi nuevo puesto—no precisamente emocionado, pero con la mente abierta. Me dije: aprende algo nuevo, saca lo mejor de esto.

Para mi alivio, uno de mis mejores amigos, Cesarin—otro colombiano y encubierto con el que había trabajado—ya estaba ahí. Los dos habíamos crecido en Colombia, hablábamos con el mismo acento, compartíamos el mismo hambre por trabajo de verdad. La única diferencia ahora eran los títulos: a él lo habían asignado como encubierto, y yo entraba como investigador.

Él era el que se metía en bodegas y storage facilities comprando cientos de tenis y carteras falsas antes de que el equipo entrara con órdenes de allanamiento. Pero ninguno de los dos estaba motivado. Ninguno de los dos se había metido al NYPD para perseguir bolsos de imitación.

La primera vez que entré a la oficina, me quedé congelado un segundo—el sargento a cargo era una cara conocida. Había dirigido Major Case Narcotics en Queens, una de las unidades de narcóticos más respetadas del NYPD. Queens era legendario. Ahí fue donde los colombianos se instalaron en los 80 y 90—Roosevelt Avenue, Northern Boulevard, Jackson Heights. Las incautaciones más grandes, los wires de largo plazo, los kilos apilados como ladrillos de oro—todo eso era su terreno.

Me miró, sonrió y dijo: «Andrés, tranquilo. Yo me siento igual. Ni siquiera sé qué carajos hago aquí».

Nos reímos. Te lo puedes imaginar.

Le dije de una: «Yo no voy a hacer casos de tenis y carteras».

Él levantó una ceja. «¿Entonces qué vas a hacer?»

«Voy a buscar otro ángulo», le dije. «Algo real. Algo que importe».

Yo tenía un par de fuentes allá arriba en Washington Heights, y una de ellas me había mencionado algo que se me quedó grabado—barberías vendiendo

Viagra a cinco dólares la pastilla. Cinco dólares. No lo podía creer. En ese momento, el Viagra de verdad costaba una fortuna. La fuente también dijo que conocía una bodega que hacía lo mismo.

Pensé: puede que esto sea. Puede que esta sea la forma de hacer que las investigaciones de marcas falsificadas valgan la pena.

Lo montamos. Mi primer caso oficial bajo trademark counterfeit: pastillas falsas de Viagra y Cialis.

El informante hizo varias compras en la bodega. Yo recogía los frascos—envases farmacéuticos grandes, con número de lote y todo—y se los mandaba a Pfizer y a Lilly, las compañías reales detrás de las medicinas.

Los resultados sorprendieron a todos. Los ingredientes estaban ahí—las pastillas funcionaban—pero la fórmula había sido modificada. Los falsificadores les habían añadido un analgésico, la misma dosis que un Tylenol, para eliminar los dolores de cabeza de los que muchos se quejaban después de tomar Viagra.

Los fabricantes chinos habían sido más vivos que todos—y ahí fue cuando entendí que estábamos tocando algo mucho más grande.

Subimos un wiretap—solo la segunda vez en la historia de esa fiscalía que aprobaban una interceptación para algo que no fuera narcóticos, lavado de dinero o terrorismo. Fue algo grande. Costoso, demorado y no precisamente el tipo de caso que nadie pensaba posible bajo la categoría de trademark—but we did it.

El wire conectó todo: dominicanos vendiendo en bodegas y barberías, africanos comprando a proveedores chinos y los chinos enviando farmacéuticos falsos por contenedores. Era crimen organizado a escala global.

Cuando el caso terminó, ya había demostrado mi punto: que el skill set de narcóticos se podía aplicar en cualquier parte. Que la experiencia sí importaba.

Fue entonces cuando el teniente Santos, que supervisaba nuestra sección, me llamó aparte.

Me miró y me dijo: «Tú no perteneces aquí. Tú deberías estar en el equipo BEST».

En ese momento yo no lo sabía, pero él no era cualquier supervisor de paso. También estaba a cargo del Border Enforcement Security Task Force—la unidad internacional que trabajaba casos verdaderos, de frontera, con Homeland Security.

El teniente no era un burócrata pegado al escritorio. Era un detective de detectives—el tipo de hombre que se había ganado cada insignia caminando la calle, no sentado en una oficina. Había hecho el trabajo a pie, hecho compras, pateado puertas. Se había preparado para el examen de sargento, luego para el de teniente, y había subido los escalones a punta de trabajo duro.

Conocía el oficio de arriba abajo—las noches largas, la frustración, el desgaste que traen las investigaciones reales. Y se dio cuenta de que yo quería trabajar.

Tal vez vio algo de sí mismo en mí—el hambre, la disciplina, la obsesión por sacar el trabajo adelante. Y tal vez por eso sintió que yo pertenecía a algo más grande. Como él era quien estaba al mando del unit BEST, me lo dijo sin rodeos: «Tú deberías estar con nosotros».

Tenía sentido. Yo era colombiano. BEST ya estaba trabajando casos de alto nivel con carteles colombianos. Era el encaje perfecto—idioma, cultura, experiencia—todo alineado.

Y fue ahí cuando las cosas empezaron a moverse.

Yo ya estaba pensando hacia adelante.

El teniente me había dicho que iba a impulsarme para entrar al BEST unit, y yo sabía que si quería que esa puerta se abriera, tenía que ganármelo—tenía que traer algo grande a la mesa.

Una tarde estaba en la oficina, sentado al lado de Cesarin, el encubierto colombiano. Nos miramos y empezamos a negar con la cabeza.

Él dijo: «Bro, ¿qué carajos hacemos aquí? Dos colombianos, ambos encubiertos con experiencia, sentados comprando carteras y tenis falsos. Tenemos que hacer algo mejor».

No se equivocaba. Dijo en voz alta lo que yo sentía hacía meses. Estábamos hechos para algo más grande—para trabajo real. Él entendía mi frustración porque la sentía igual.

Luego se reclinó y me contó algo que lo cambió todo.

Me dijo que cuando estaba en Queens Narcotics, había trabajado con una informante—una mujer—muy sólida, que había dado excelente inteligencia sobre operaciones de lavado de dinero. Incluso había ayudado a unidades a recoger dinero en efectivo de couriers conectados a grupos organizados. Era de las buenas.

No había hablado con ella en más de un año, y en ese momento no estaba registrada con ningún equipo. Entonces me dijo: «¿Por qué no la llamas? A ver qué tiene».

Yo le dije: «Sí, claro. Vamos a ver si todavía está por ahí».

Así que levanté el teléfono y la llamé. De inmediato hubo química—no la personal, sino la química profesional de cuando dos personas se dan cuenta de que van a hacer negocios. Era aguda, cautelosa, pero abierta. Le hablé como siempre he hablado con mis fuentes—claro, sin bullshit, sin promesas vacías.

Y ella respetó eso.

Se dio cuenta de que yo estaba motivado, que no era uno de esos detectives flojos buscando marcar casillas. Sabía que yo quería trabajar. Y ella también era trabajadora—una de esas informantes que no solo hablan, sino que producen.

A los pocos días, me llamó de vuelta. Me dijo que había retomado contacto con un grupo de colombianos que movían producto—peso pesado. Me dijo que podía extender la mano y ver si seguían activos.

«Perfecto», le dije. «Eso es exactamente lo que estoy buscando».

Le expliqué que quería enfocarme en colombianos, en mi gente—porque los entendía. Conocía la cultura, el lenguaje, los códigos y, lo más importante, el juego. Le dije que no buscaba solo hacer una compra; quería construir algo más grande—algo internacional.

Esa fue la chispa.

Esa conversación encendió la mecha de lo que se convertiría en la incautación de cocaína más grande en la historia del NYPD—el caso que me llevó a los niveles más altos, a las redes más profundas y a una tormenta que cruzaría continentes.

Ese fue el comienzo de la Operación Australian Fever.

**Capítulo 8 – Operación Fiebre Australiana**

La llamamos Operación Fiebre Australiana porque esa carga iba rumbo a Australia, donde un solo kilo de cocaína valía más de 100.000 dólares. Ese precio tenía su propia gravedad; deformaba rutas, cambiaba riesgos y hacía que los hombres inventaran océanos enteros de secreto.

Mis fuentes en Cali repetían la misma historia una y otra vez: las rutas viejas hacia Estados Unidos estaban demasiado calientes. La extradición colgaba sobre las cabezas de los operadores en Colombia como una guillotina — paramilitares, ex FARC, las viejas estructuras de Medellín y Cali habían aprendido a las malas que un vuelo hacia Estados Unidos podía acabar con una vida o con una carrera. Así que la jugada inteligente era distancia y anonimato. Mover el producto hacia Europa, África, Centroamérica… o hacia lugares como Australia, donde el margen era obsceno y el calor, más bajo. Volverse invisible.

Su *tradecraft* era brutal en su sencillez y despiadado en su creatividad. Usaban contenedores de carga, GFVs — *go-fast vessels*, lanchas rápidas — y barcos pesqueros con compartimentos vaciados. Había visto los videos: hombres bajando escaleras improvisadas por el costado de un buque mercante en plena noche, izando paquetes como si fueran carga fantasma. Vi imágenes de cápsulas sumergibles, módulos tipo torpedo amarrados bajo los cascos, y barcos camaroneros transformados con caletas escondidas. Siempre estaban experimentando — escaleras, compartimentos secretos, esquemas semisumergibles — lo que fuera necesario para que un kilo no fuera interceptado.

Cuando nuestra informante regresó, nos dijo que el cartel necesitaba más pruebas de que de nuestro lado existían los contactos y el plan. Ella les había dicho que teníamos un capitán — un marino que había zarpado desde África, planeando cruzar hacia Panamá y luego meterse en las rutas del Pacífico donde un contenedor contaminado podía mezclarse con el comercio regular y enviarse a cualquier parte. Ese capitán, les dijo, ya había movido cargas antes. Ese capitán era nuestra puerta de entrada.

Si lográbamos amarrarlo — si podíamos vincularlo a un contenedor contaminado, a una entrega por escalera o a una cápsula semisumergible — tendríamos un camino directo hacia la red oceánica del cartel. Esa fue la costura que empezamos a jalar.

Me asignaron a BEST gracias a mi teniente y fui cruzado de manera oficial como Task Force Officer — juramentado a nivel federal con el Departamento de Seguridad Nacional para poder investigar en cualquier parte del mundo. Esa placa lo cambiaba todo en el papel, pero no de la noche a la mañana en la práctica. Convencer a mi cadena de mando de perseguir una red que no tenía un "venue" evidente en Estados Unidos iba a requerir trabajo. Ellos querían calor, nexo, jurisdicción — esas casillas limpias que hacen que los fiscales duerman tranquilos. Yo tenía algo más desordenado: patrones, rumores, videos y una terquedad absoluta de que el objetivo real del cartel siempre terminaba girando alrededor de Estados Unidos, porque la demanda — y el dinero — estaban aquí.

Así nació la Operación Fiebre Australiana.

Me sentaba en mi escritorio como un cartógrafo loco del océano — fotos de botes, rutas anotadas, capturas de GPS, fotogramas granulados sacados de videos apilados como confesiones. Llamaba a expertos marítimos de HSI, reventaba teléfonos en Washington y me apoyaba en un jefe de Homeland que sí entendía la geometría de este tipo de casos y, en silencio, me hacía barra. La gente pasaba frente a mi escritorio y negaba con la cabeza. "Estás loco", decían. Un detective en el séptimo piso de Manhattan pensando en lanchas rápidas en el Pacífico — sonaba ridículo en la superficie. Pero así comienzan estas cosas: la locura de un hombre se convierte en el plano maestro de otro.

Necesitaba un capitán — alguien que pudiera ser, de forma creíble, el eslabón entre el océano y el cartel. Alguien que pudiera hablar de marinería sin sonar a guion memorizado. Pensé en tripulaciones, en abastecimiento, en lenguaje y en confianza. Entonces me cayó la ficha: el idioma podía ser una herramienta.

Había otro detective en la unidad — un gran investigador que venía de la División de Robo de Autos / Major Case, otra unidad especializada de OCCB — cuyos padres eran portugueses. Tenía el sonido del Atlántico metido en las vocales y el ritmo de Lisboa en la risa. Cada vez que pasaba por mi escritorio lo saludaba en portugués — "Bom dia, tudo bem?" — solo para verlo sonreír y corregirme el acento. Siempre me respondía con ese portugués de viejo continente, no con la jerga brasileña.

A lo largo de los años, gracias al jiu-jitsu brasileño, había aprendido suficiente portugués para seguir conversaciones, entender la jerga, el tono e incluso el ritmo del idioma. Ese detalle pequeño se convirtió en una ventaja — no solo en el tatami, sino también ahora, en medio de una investigación internacional. Sabía lo suficiente para sostener una conversación corta, para pasar como alguien familiarizado con la cultura, y eso hacía mucho más creíble la idea de usar a un capitán portugués.

Era perfecto. El portugués está lo bastante cerca del español como para que una conversación suene natural a oídos de colombianos y marineros acostumbrados a acentos del Atlántico, pero lo bastante distinto como para despistar. Cuando trabajé encubierto antes, usé el idioma como un carterista usa la manga — una distracción que hace que el objetivo baje la guardia. Yo podía jugar el papel del comprador que no necesitaba explicarse en un inglés perfecto; mi "capitán" de habla portuguesa podía llevar la voz cantante, con calma, y hacer creíble nuestra historia. Menos interrogatorio, más *tradecraft*.

Introdujimos a Michael de Almeida en el plan como nuestro capitán — agudo, sólido y fluido en portugués. Michael era uno de los mejores detectives de la Organized Crime Investigation Division: callado, metódico, con una paciencia que se sentía peligrosa. Con él, el ardid tenía pulso. Con él, podíamos salir mentalmente de Manhattan y entrar en el idioma del mar, empezar a convencer al cartel de que éramos un canal en el que podían confiar.

Ya sabíamos que había manos dentro de Estados Unidos — eso nunca estuvo en duda. Los carteles no operan solos; tejen redes a través de puertos, almacenes y personas que viven a plena vista. Aun así, nada de verdadero peso se mueve por teléfono cuando estás hablando de 1.200 kilos y rutas oceánicas. Esa gente no confía en las líneas; confía en los ojos y en la dureza de una reunión cara a cara.

Así que pactamos la reunión en Cali.

Mi informante entró a un apartamentico en un barrio donde las luces siempre permanecían bajas.
Le requisaron — le vaciaron los bolsillos, le quitaron todo aparato electrónico — y encerraron a todos en un cuarto pequeño para que la conversación se diera sin dejar ningún rastro digital. Llegaron tres hombres: gente del cartel, con la mirada de los que han cruzado tormentas y siguen vivos. Hablaron con cuidado, y luego dejaron de fingir. Le dijeron de frente que tenían contactos en Estados Unidos, Europa y Australia — y que ese cargamento iba para Australia. 1.200 kilos.
Los compradores ya estaban listos; la red de distribución montada. El precio hacía que el plan fuera irresistible.

Para que la conexión fuera creíble — para que su capitán, allá en medio del océano, tuviera un teléfono que realmente pudiera usar — les dimos un número de teléfono satelital. Ese aparatico era la bisagra de toda la operación: ¿de qué otra manera un capitán, rodando por el Atlántico o navegando hacia el Pacífico, iba a coordinar una entrega con escalera o un contenedor contaminado sin morir en el margen de error?
El teléfono satelital les daba alcance… y a nosotros nos daba un canal.

Ellos entregaron un papel — una hoja que parecía inocente, pero era un mapa de toda su técnica. En ella había tres cuadrantes del Pacífico, cada uno marcado con un nombre: María, Carmen, París. Para cualquiera, sonaba como apodos de exnovias. Para ellos, eran puntos de encuentro. Además, los números se convertían en letras, la cocaína en camisetas, y toda la operación era una boda. Todo designado así por si alguien estaba escuchando.

Uno de los tres resultó ser un verdadero hombre de mar: había trabajado en la Flota Mercante Gran Colombiana. Conocía el océano como un carnicero conoce los huesos — rutas, tiempos de deriva, paradas de combustible, qué curva hace un buque si quiere evitar el AIS, cuánto tarda en llegar a un punto flotando, cuántas manos se necesitan para bajar una escalera a medianoche.
No era hablador; era un ingeniero del movimiento.

El sistema de códigos de ellos era quirúrgico.
Los números no eran números; eran letras. Los teléfonos se daban como letras que había que traducir, y luego sumar o restar trece — no era un giro aleatorio, era una regla. Si un número llegaba a ellos, venía multiplicado por trece; si lo mandaban, uno debía dividirlo por trece. Los mensajes serían listas de mercado. Las coordenadas, nombres de personas.
Todo funcionaba como un reloj: rígido, mecánico, deliberadamente humano para evitar cualquier detección.

También nos dieron su propio número satelital — el que iría dentro de una de las Go-Fast Vessels (GFVs). El plan era que la lancha rápida se encontrara con el barco de nuestro supuesto capitán en aguas internacionales para hacer la entrega. Así fue que todo empezó a moverse.

Aun así, necesitábamos una conexión en Estados Unidos para establecer jurisdicción y asegurar el caso. Mientras montábamos las comunicaciones y ganábamos confianza, empezamos a buscar quién en EE.UU. estaba involucrado — quién iba a recibir la carga, distribuirla y lavar el dinero cuando llegara.

Así fue como Operation Australian Fever empezó de verdad — con un mensaje codificado desde Cali, un teléfono satelital en algún punto de Colombia, y un plan para caerle a un cartel que creía ser intocable.

La investigación ahora se movía rápido — más rápido de lo que esperábamos.

Los colombianos nos dijeron que, para que la transferencia funcionara, había que cortar uno de los sellos del contenedor. Cada sello era único —

sellado con calor, con un número registrado en el sistema. Una vez el contenedor salía del puerto, ese número tenía que coincidir exactamente al llegar. Si no coincidía, significaba que alguien había manipulado el contenedor.

Era un sistema creado para evitar exactamente lo que ellos iban a hacer.

Pero estos tipos ya tenían experiencia. Nos dijeron que ya lo habían hecho antes — duplicando los sellos.

El problema era que su contacto en Estados Unidos, el que hacía los sellos falsos, había caído preso.

Entonces nos preguntaron:

"¿Tienen a alguien en los Estados Unidos que pueda volver a hacerlos?"

Esa fue nuestra entrada.

Ese fue nuestro "venue" — el vínculo legal para traer todo el caso a territorio estadounidense.

Les dijimos que sí, que teníamos al contacto.

Lo único que tenían que hacer era mandar a alguien con $10,000 a Nueva York para pagar los sellos.

Aceptaron.

La semana siguiente, nuestro informante se reunió en Manhattan con el hijo de uno de los pesos pesados del cartel que había estado en la reunión de Cali. Le entregó los $10,000 en efectivo, se dieron la mano, y listo — la trampa quedó cerrada.

Primero empezamos a probar el teléfono satelital en el techo del edificio en la calle 34. Abajo, en la calle, la señal no servía — los edificios mataban todo. Uno de los técnicos de Homeland nos dijo lo obvio:

"Estos teléfonos necesitan cielo abierto."

Así que usamos el techo.

Desde arriba, la vista era increíble: la ciudad extendida en todas direcciones, el Hudson brillando, el Empire State cortando el cielo. El teléfono conectó casi de inmediato. Desde esa altura, la señal era limpia, nítida, estable. Se escuchaba ese eco leve del espacio cada vez que enganchaba el satélite.

Tras varias pruebas exitosas, movimos la operación al West Side, cerca del Hudson. Allí, el sonido era perfecto: viento, gaviotas, las olas golpeando el muro. Cinemático.

Cuando Mike De Almeida habló por el satelital, parado a pocos pies del agua, el fondo sonaba a mar — exactamente lo que necesitábamos. Para los colombianos, él estaba en altamar, entre África y el Canal de Panamá, navegando hacia el Pacífico.

Se tragaron todo.

Y así, Operation Australian Fever dejó de ser un plan. Ya estaba vivo — un hilo conectando techos de Manhattan, el Atlántico y el borde del Pacífico, todo por un teléfono satelital y la ilusión de mar abierto.

Mientras Mike mantenía la línea con el cartel, la verdadera tormenta se estaba formando detrás: la Guardia Costera, el BEST Task Force, y el JIATF-S en Cayo Hueso, todos alineados — un conjunto de agencias, aviones, analistas y radares desde Florida hasta Colombia, apuntando a un solo objetivo: las lanchas rápidas cargadas de cocaína, rumbo a uno de los puntos que ya conocíamos por nombre.

Todo estaba en movimiento.

No sabía si esto iba a ser real — si por fin iba a pasar — pero ya teníamos fecha, y por dentro yo lo sentía. Algo iba a reventar.

La noche antes de la operación, mi supervisor de HSI, Mike Alfonso, me llamó a la oficina. Su cara dijo todo antes que sus palabras.

Dijo:
"Andrés, tenía mis dudas… pero acabo de hablar con un supervisor del FBI. Me dijo: 'Prepárate, porque mañana, esto vaa suceder.'"

Cuando Mike me dijo eso, supe que era de verdad.

En este trabajo, hay líderes que funcionan en otra frecuencia — gente que no solo supervisa, sino que mueve montañas.

Para mí, Michael Alfonso era uno de esos.

Desde afuera, alguien podía ver un supervisor más.
Pero por dentro, él era un motor.

El tipo que hacía que las cosas pasaran.
El que no veía obstáculos, solo tareas.
Si necesitábamos un avión, llamaba hasta que apareciera.
Si necesitábamos fondos, los encontraba.
Si necesitábamos equipo, transporte, acceso — el hombre lo conseguía.

Y lo que siempre me quedó fue esto:
Él no tenía que hacerlo.

La mayoría de supervisores hace lo mínimo, marca las casillas, y sigue.
Pero Alfonso no era así.
Cuando la misión se ponía difícil, algo se encendía en él.
Tomaba los retos como personales, como si le estuvieran diciendo que se rindiera — y rendirse no estaba en su ADN.

Yo lo veía — calmado, enfocado, incansable — haciendo llamadas a Washington o donde fuera para conseguir aprobaciones, recursos, permisos.
Y de alguna forma, siempre, siempre, las piezas encajaban.
Las puertas se abrían.
La misión seguía.

No por suerte. Sino por su liderazgo, su empuje, y su negativa absoluta a dejar que la operación se quedara quieta.

Así era mi viejo jefe en HSI, y desde entonces yo sabía que ese hombre iba para arriba.
Tenía algo — una energía, una claridad, una presencia — que solo tienen los grandes líderes. Esa clase de presencia que termina dirigiendo operaciones gigantes… o agencias enteras.

Yo molestaba diciendo que algún día él iba a ser uno de los jefes más grandes del gobierno. Pero no era molestando. Lo decía de verdad. Y todavía lo creo.
No sé a quién llamó ni cómo lo hizo, ¡pero él tenía la jugada interna!

Me quedé congelado un momento, procesando esas palabras. Después de meses de planear, reuniones sin fin y noches en vela armando mapas y llamadas, por fin teníamos confirmación.

Fuentes de inteligencia — sólidas — habían verificado que los colombianos habían zarpado.

Las lanchas estaban en el agua.

De vuelta en mi escritorio, no podía quedarme quieto. El teléfono satelital empezó a vibrar otra vez. Los colombianos estaban llamando a Mike De Almeida, nerviosos, preguntando:

"¿Vamos en camino? We en route?"

Querían saber si su capitán — nuestro capitán — estaba en posición.

Mike interpretó el papel perfecto: calmado, confiado, su acento portugués grueso, su tono firme.

Mientras tanto, nuestra propia inteligencia estaba prendida como un tablero. El rastreo satelital mostraba movimiento.

El avión de reconocimiento en la zona confirmó lo que queríamos ver: dos go-fast vessels viajando lado a lado, cruzando el Pacífico.

Cada una podía cargar entre 500 y 700 kilos, así que juntas encajaban perfecto con los 1.200 kilos que el cartel había prometido.

Incluso les dijimos que trajeran $100,000 en efectivo, supuestamente para cubrir combustible y un pago al capitán. Aceptaron.

Ese dinero extra se convirtió en parte de la evidencia que amarraba el caso a Estados Unidos.

Entonces llegó el silencio — ese silencio profundo, sofocante, que solo aparece cuando todo está en movimiento pero fuera de tus manos. En ese punto, lo único que podíamos hacer era esperar.

La Guardia Costera, JIATF-South y toda la comunidad de inteligencia llevaban el control.

Cada llamada era corta, cada actualización sonaba amarrada por adrenalina.

Esa noche llegó la confirmación.

La primera embarcación había sido interceptada.

Un cutter de la Guardia Costera los había ubicado en algún punto del Pacífico, cerca de Colombia. Tras una persecución corta, la tripulación se

rindió.
Cuatro colombianos fueron arrestados, junto con 550 kilos de cocaína.

Pero cuando la Guardia Costera persiguió la segunda lancha, esa se desvió y la tripulación botó toda la carga al océano.

Desde el cielo, nuestro avión de reconocimiento siguió la línea flotante — una serpiente de bultos, cada uno de 50 kilos.
Estaban amarrados con una cuerda gruesa, y al final una boya naranja brillante flotaba como faro.
Era un diseño ingenioso — el mismo que usan para trampas de pesca masiva — para que, si tenían que botar la carga, otra tripulación pudiera regresar, ver la boya, y sacarla del agua.

Durante casi doce horas, esos bultos flotaron, arrastrados por la corriente, hasta que la Guardia Costera llegó y los recuperó todos.
1.200 kilos de cocaína, marcados y sellados, sacados del Pacífico.

Tres hombres de la segunda lancha escaparon a la costa con los $100,000.
Nunca los volvimos a ver.
Pero los que capturamos — y la evidencia a bordo — contaron la historia completa.

En la embarcación encontramos el teléfono satelital, el GPS, y los mismos códigos y hojas de ruta que calzaban con la información de nuestra fuente.

Los hombres capturados en la primera lancha parecían exactamente lo que eran — pescadores del Pacífico colombiano, descendientes de africanos que han pasado su vida bajo el sol.
La piel curtida, quemada, dura.
Cuerpos flacos, manos partidas y ásperas.
Uno veía el océano en la cara de ellos — el cansancio, la sal, los días interminables en mar abierto.

Pero entre ellos había un hombre que no cuadraba.

Era más claro de piel, bien afeitado, y se movía diferente.
Su acento no era de Buenaventura ni de Tumaco.
Era nítido, conocido — Caleño, puro Cali. Lo capté de inmediato.

El ritmo de las palabras, el tono — lo delataba.
Ese tipo no era pescador.

Más tarde confirmamos lo que yo ya sospechaba:
Era miembro del cartel, uno de los que había estado en las reuniones iniciales. Una de las voces detrás del plan.
Y por razones que nadie tenía claras, decidió viajar con la carga.
Tal vez quería supervisar él mismo.
Tal vez no confiaba en su gente.
Tal vez buscaba respeto montándose en esa lancha él mismo.

Sea lo que sea, se subió por esa escalera, abordó la go-fast, y salió al Pacífico persiguiendo millones de dólares en cocaína.

Pero en vez de llegar a Australia, terminó dentro de un cutter de la Guardia Costera de Estados Unidos, esposado, mirando el mismo océano que un día le prometió fortuna.

## El Comienzo

En realidad, ese fue el verdadero inicio de la operación. Para los hombres que iban en esa embarcación, era el final. Pero para nosotros —y para mí, a nivel personal— estaba a punto de convertirse en uno de los mejores momentos de toda mi carrera como investigador.

Tenía mil preguntas disparándose en mi cabeza:

¿Quiénes eran realmente estos tipos?
¿De dónde habían salido esos kilos?
¿Cuántas cargas habían movido antes?
¿Quién más hacía parte de esa red?

Necesitaba saberlo todo —sus contactos en Tumaco, la zona cero desde donde salían la mayoría de esas Go-Fast Vessels por la costa pacífica de Colombia. Yo siempre supe que Tumaco era el punto de partida. Desde ahí, las rutas se abrían como venas por todo el océano —hacia Centroamérica, México y más allá. Y ahora, por fin, teníamos la oportunidad de empezar a descubrir esas rutas directamente de la boca de los capturados.

Cuando la Guardia Costera detiene una embarcación en aguas internacionales, no la lleva de inmediato a puerto. Esos barcos de la Guardia Costera Americana se quedan meses enteros en el Pacífico. Llevan todo con ellos —la evidencia, la droga, los presos. Se mantienen en zona hasta terminar su rotación, acumulando incautaciones como quien llena un cuaderno. Por eso, cuando ves esos barcos enormes llegando a Fort Lauderdale o San Diego descargando "miles de kilos", no es que los capturaron todos de una sola vez. Es el resultado de meses de operaciones combinadas —cada parada, cada incautación, apilada hasta ese momento para las cámaras.

Así que tocó esperar. Casi dos meses tuve que esperar antes de que nos dieran luz verde para volar a Guatemala, donde por fin iban a entregar a los prisioneros para el traslado.

Pero antes de llegar allá, apareció otro problema —jurisdicción. Donde aterrizara primero el avión en territorio estadounidense determinaría qué distrito tendría autoridad sobre el caso. Si el clima obligaba a desviarnos, o si había que hacer un aterrizaje de emergencia en un sitio distinto a Nueva York, legalmente el caso podía caer al piso. Teníamos que ser precisos.

Por suerte, a estas alturas el Departamento de Homeland Security, HSI y la Guardia Costera estaban trabajando como un sólo engranaje. Y como la Guardia Costera ya operaba bajo el paraguas de DHS, todo era más fluido. Coordinamos que un C-130 —esos aviones militares gigantes— volara al aeródromo en Guatemala para traer a los prisioneros de regreso a Nueva York.

Llegamos a la pista: calor, ruido, humedad espesa en el aire. Los cuatro prisioneros fueron entregados por la Guardia Costera. También nos dieron un folder grueso con fotos y videos de la operación, junto con una muestra de veinte kilos del cargamento que íbamos a procesar en San Diego. Una vez aterrizamos en Nueva York, los movimos a una van de NYPD para llevarlos al centro. Estaban esposados, callados, pero atentos —mirando por las ventanas una ciudad que solo conocían por televisión.

Mientras íbamos por el FDR Drive, uno de ellos se inclinó hacia adelante y me preguntó:

"¿Podemos ver la ciudad? Nunca hemos visto Nueva York."

Nos tomó por sorpresa. Ya enfrentaban décadas en prisión —sus vidas, tal como las conocían, se habían acabado. Pero en ese instante, vi algo humano en ellos. Miré a mi compañero, y asentimos.

Nos salimos del FDR, cogimos por Broadway, y terminamos en Times Square. Las luces rebotaron en sus caras a través de las ventanas —rojos, azules, morados— reflejándose en las barras de metal como fuegos artificiales. Pegaron la cara al vidrio.

No podían creer lo que veían. Los pescadores de Tumaco miraban en silencio, asombrados por los colores, las pantallas, la multitud interminable. Incluso en el peor momento de sus vidas, sonrieron.

Uno de ellos susurró:

"Vale la pena verlo una vez en la vida."

Y yo pensé —esto es Nueva York. Una ciudad que puede quebrarte, salvarte, o simplemente dejarte sin palabras, dependiendo del lado de la ventana donde estés.

Seguimos el camino hasta Federal Plaza, donde los procesaron y les tomaron huellas —otro caso cerrado, otro capítulo en la historia interminable del narcotráfico entre Colombia y Estados Unidos. Pero para mí, esto era apenas el principio.

Operation Australian Fever ya no era solo una investigación. Se había vuelto algo personal —una historia que conectaba mis dos mundos: Nueva York y Colombia, la ley y el caos, el mar y la ciudad.

Y en el fondo, yo sabía que esta era apenas la primera tormenta.

**Los Hombres Sin Cumpleaños**

Cuando estaba procesando a los cuatro prisioneros, comprendí qué tan profunda era la falta de oportunidades en sus vidas. Muchos no sabían leer ni escribir. Algunos ni siquiera sabían su fecha exacta de nacimiento. Pedir una firma era casi un acto de misericordia o de vergüenza —depende de cómo lo miraras.

Me sorprendí a mí mismo bajando el ritmo, agarrando un esfero, enseñándole a un hombre adulto cómo dibujar letras; a veces, lo único que conseguíamos era una "X". Esa imagen no se me olvidó: hombres que manejan botes por instinto, aprendiendo a firmar bajo luces fluorescentes de una sala de custodia.

Les habían pagado por adelantado —veinticinco mil dólares— dinero que dejaron con su familia. Les entregaron un GPS, una brújula y una hoja plastificada con tres coordenadas. Esas coordenadas eran puntos de abastecimiento: la ruta práctica del Pacífico, las paradas para pasar por Galápagos y subir hacia Centroamérica. Los ecuatorianos manejaban la red de gasolina que alimentaba esas GO-FAST vessels. Los ecuatorianos controlaban el combustible; la FARC y otras organizaciones criminales controlaban los laboratorios y los kilos tierra adentro; otras redes manejaban los pickups más al norte. El sistema era una geografía de especialización —y de explotación.

Y vi también lo que el Estado colombiano no había podido arreglar. Carreteras escasas. Electricidad y agua limpia poco fiables. La costa pacífica es un lugar húmedo y brutal, donde la presencia del gobierno es, en el mejor de los casos, delgada. Ese abandono es lo que lleva a los hombres a arriesgar la vida por un pago corto; eso es lo que permite que las organizaciones criminales recluten pescadores y los traten como desechables.

Así es la costa pacífica de cerca: habilidad y dignidad envueltas en abandono estructural, y una economía criminal que llena los huecos que el Estado nunca llegó a ocupar.

**Las Lanchas Rapidas Go-Fast Vessels**

Las Go-Fast son embarcaciones hechas a mano — construidas en *fibra de vidrio* — en los pequeños pueblos costeros alrededor de Tumaco, esa esquina olvidada de Colombia en el Pacífico. No eran botes de fábrica ni lanchas militares. Eran moldeadas, lijadas y armadas por pescadores que conocían el mar mejor que cualquier ingeniero. Cada embarcación podía cargar entre 500 y 700 kilos de cocaína, dependiendo del diseño y el equilibrio.

La mayoría usaba dos motores fuera de borda de 75 caballos de fuerza — suficiente para mover la carga, pero no lo suficiente para encender una firma térmica que los aviones de la Guardia Costera pudieran detectar desde el cielo. Los narcos conocían ese juego de memoria. Sabían que demasiado calor significaba visibilidad, y visibilidad significaba cárcel... o algo peor.

Cada tripulación tenía máximo tres hombres. El capitán, que también era el mecánico, era el alma de la embarcación — un tipo endurecido por años en el mar, capaz de navegar a ciegas entre niebla o bajo la luna, y de reparar un motor moribundo en medio del océano con solo una llave y puro instinto. Los otros dos eran los vigías, ojos que nunca descansaban. Escaneaban el horizonte buscando piratas, embarcaciones rivales o la Armada de Colombia — nuestra versión de la Guardia Costera. Su otro trabajo era sencillo pero brutal: si los detectaban, echaban la mercancía al agua. Una vez en aguas internacionales, su preocupación principal era la Guardia Costera de Estados Unidos.

Los kilos iban empacados en sacos grandes, impermeables, de unos cincuenta kilos cada uno, amarrados a una cuerda gruesa. Al final de la línea flotaba una boya, del mismo tipo que usan los pescadores comerciales. Cuando la carga caía al agua, la boya se convertía en la línea de vida. Desde tierra, los traficantes rastreaban su posición por señal satelital. Si todo salía bien, otra tripulación saldría después a recuperar lo flotado.

Para evitar que alguien se robara parte de la carga, los traficantes metían otra capa de control. Dentro de algunos empaques escondían *spot trackers* — pequeños GPS que seguían transmitiendo incluso si la boya desaparecía. Así sabían si el cargamento había sido incautado por la Guardia Costera... o desviado por uno de los suyos. En varios casos, encontramos esos trackers (dispositivos de GPS) aún activos — haciendo *ping* desde aguas estadounidenses, incluso después de las incautaciones.

Era un sistema construido con precisión, miedo y supervivencia. En el Pacífico, esas Go-Fast no eran solo botes — eran salvavidas, prisiones... y a veces, ataúdes flotantes.

**La Ilusión de la Paz**

Después de horas de interrogatorios —a veces lo suficiente para que el sol cayera dos veces antes de salir del cuarto— la imagen empezó a tomar forma. No era limpia ni simple. Era la anatomía de una máquina: hombres, ríos, rutas, y el pulso silencioso del dinero moviéndose entre cada corriente. A partir de lo que nos dijeron los capturados y los informantes que reclutamos, por fin empecé a entender cómo funcionaba realmente el narcotráfico en el Pacífico colombiano.

La FARC tenía control total. Maneaban los laboratorios, controlaban las rutas, y decidían quién vivía o moría en Tumaco y los pueblos alrededor. Ellos escogían a los capitanes, a los pescadores, a los ayudantes. Ellos definían quién podía mover gasolina y quién no. Y al otro lado de la frontera, sus socios en Ecuador manejaban las estaciones de reabastecimiento. Toda esa cadena gigantesca iba desde la selva hasta el mar, pasando por Colombia, Ecuador, Centroamérica y, finalmente, los Estados Unidos.

Era una red en toda regla. Los mismos que decían pelear "por el pueblo" se habían vuelto empresarios — narco-políticos usando la máscara de la revolución.

Mientras todo eso pasaba, el gobierno de Colombia celebraba lo que el mundo creyó que era el fin de la guerra. El presidente Juan Manuel Santos envió a sus negociadores a La Habana, Cuba, a sentarse frente a la FARC y hablar de "paz." La prensa internacional llenó sus páginas de optimismo. Las cámaras mostraban a los comandantes guerrilleros con camisas planchadas en vez de camuflados, dándose la mano frente a las banderas. Para el mundo, aquello parecía un milagro — cincuenta años de sangre llegando a su fin. Santos fue ovacionado y hasta recibió el Premio Nobel de la Paz por "terminar la guerra."

Pero la verdad que nosotros veíamos en el terreno era otra. Completamente distinta. Según las interceptaciones de inteligencia y los testimonios que reunimos, la FARC no se estaba disolviendo — se estaba reorganizando. Las supuestas reuniones de "paz" en Cuba eran un disfraz para reestructurar su mando, restablecer rutas de tráfico y planear un futuro donde tomarían el poder a través de la política lo que nunca pudieron ganar con fusiles.

Mientras las cámaras grababan en La Habana, sus laboratorios en Colombia producían más cocaína que nunca. La fumigación de los cultivos había sido suspendida por orden directa del presidente Santos, dándoles el espacio y el tiempo para expandir la producción y robustecer sus finanzas. Y con más dinero llegaron más armas, mejores comunicaciones, y la capacidad de reclutar aún más profundo en comunidades pobres como Tumaco.

Y ahora, años después, con Gustavo Petro en la presidencia, estamos viendo el mismo patrón repetirse. La misma narrativa política de paz. La misma suspensión de fumigación. La misma violencia creciendo. Colombia está sangrando otra vez — solo que ahora la guerra es más silenciosa, escondida detrás de discursos y negociaciones.

Con la inteligencia que recopilamos, la imagen era clara: la FARC nunca paró. Se adaptó. Se expandió. Y el proceso de paz se convirtió en el camuflaje más grande que han creado en su historia.

Mientras el mundo celebraba el "milagro colombiano," nosotros estábamos en el campo viendo la verdad — un punto de reabastecimiento, una llamada interceptada, un kilo a la vez.

### La Reina del Pacífico

La Reina del Pacífico — así la llamaban.
Una mujer de Tumaco con una reputación que no dejaba espacio para dudas: la cruzabas… y te hacía desaparecer. Gobernaba un pedazo del Pacífico con violencia y sentido de negocio, moviendo millones a través de una red que borraba la línea entre jefa criminal y "inversionista" local. No era una soberana solitaria; el negocio se había vuelto comunal. El farmacéutico compraba kilos, un mini-mercado ponía plata — cada uno era un accionista silencioso en la próxima salida de una Go-Fast. Un solo bote podía tener cuatro o cinco financiadores, y un cargamento de 600 kilos se repartía entre facciones cuando tocaba tierra.

Para ellos era inversión.
Para nosotros era la primera línea de una guerra que no podíamos darnos el lujo de perder.

Ella trabajaba de la mano con los comandantes de la FARC.
Ellos controlaban las plazas, los laboratorios, las rutas — y cobraban un impuesto por ese privilegio. Cada Go-Fast que salía de Tumaco pagaba peaje.

Una vez interceptamos una llamada que ponía todo en perspectiva, fría como un hueso: un cargamento perdido y varios hombres capturados cerca de Costa Rica. Dos quedaron presos. Uno salió libre. Para la Reina, la libertad de ese hombre fue suficiente prueba de traición. Ordenó matarlo. Sin dudas. Sin misericordia. Ese era su cálculo.

Hubo otras interceptaciones igual de brutales.
Una tripulación llamó para reportar una emboscada, tres muertos por orden de la Reina. Los mensajes que siguieron eran cosas pequeñas y crueles — órdenes sobre qué hacer con los cuerpos, quejas de un joven sicario que se dio cuenta, demasiado tarde, que acababa de ejecutar a un amigo del colegio. Él no quería mutilarlo; quería evitarle a la familia la última humillación de una tumba fragmentada. La respuesta de la Reina fue furia pura:
"¿Por qué hablas de esto por mensaje?"

Después, silencio.
Nunca supimos si esos cuerpos fueron recuperados… o si fueron reducidos a pedazos y enterrados donde la marea los borraría para siempre.
Esa era su ley: si traicionabas el negocio, no merecías ni una muerte digna.

Esto no es melodrama.
Es la contabilidad fría de un lugar abandonado por el Estado.
El poder de Tumaco no nacía de un mito; nacía de la pobreza, de las carreteras rotas, del agua sucia y de un gobierno ausente.
Cuando la economía formal falla, el crimen crea sus propios capitalistas — tenderos prestando plata para una salida, pescadores aceptando una hoja plastificada con coordenadas a cambio de alimentar a su familia. Para ellos, el viaje era un chance. Para la Reina y sus socios, era ganancia. Para la comunidad, era devastación.

Una de las lanchas de la Reina del Pacífico zarpó desde el sur de Tumaco, cerca de un laberinto de canales llamados Los Manglares. Es un lugar donde los ríos se deshacen en el océano, donde el aire es espeso y la única forma de moverse es en botes pequeños. Solo los pescadores conocen esos canales — cómo deslizarse entre raíces y sombras sin perderse. Río arriba, las caletas se esconden detrás de muros verdes de selva. La FARC patrulla esas aguas, armada, vigilante, deteniendo a cualquiera que no tenga autorización radial o satelital para mover una carga río abajo.

Ese día, una tripulación recogió 700 kilos.
Siguieron el río hacia el Pacífico y empezaron a navegar hacia el sur, preparando la curva amplia alrededor de las islas Galápagos. Unas cien millas náuticas mar adentro, un avión militar apareció en el cielo. Ellos sabían lo que eso significaba. En su mundo, si te ven… sueltas la carga.
Pero antes, tenían que pedir permiso a Tumaco.
Órdenes primero, siempre.
A veces los jefes decían: "Sigan."
Otras veces decían: "Bótenlo."

Esta vez, la respuesta llegó rápido:
Bótenlo.

Soltaron los kilos — cada paquete amarrado a una cuerda con una boya y un *spot tracker*. Luego regresaron a Tumaco, motores bajos. Día y medio después, las radios estallaron.
Alguien había recogido la carga.

La señal del GPS de la boya seguía fija…
pero el *spot tracker* dentro de uno de los sacos estaba moviéndose — rápido — unas veinte nudos por hora. Eso solo significaba una cosa:

Otra embarcación había recogido la cocaína.

La Reina del Pacífico explotó.
Empezó a hacer llamadas, a armar el rompecabezas.
La información llegó: una tripulación ecuatoriana de pesca había visto los paquetes flotando, reconoció lo que era, y decidió jugarse la suerte. Empezaron a llamar contactos en Ecuador para vender la carga antes de que alguien más se enterara.

Pero nada en ese mar se queda en secreto por mucho tiempo.
La noticia llegó a la Reina.

Y cuando ella se movía, se movía con fuerza.

Llamó a la FARC.
Dos Go-Fast salieron desde cerca de Tumaco, cada una con cinco hombres armados con AK-47, cortando el agua a toda velocidad. Antes de llegar al barco ecuatoriano, la Reina ya había conseguido el número satelital de la tripulación.
Hizo una llamada — corta, diez minutos antes de la confrontación.
Los ecuatorianos entraron en pánico.
Botaron los kilos otra vez al mar.
Minutos después, las Go-Fast llegaron y recogieron la carga.

Los pescadores sabían lo que venía.
Nadie le roba a la Reina del Pacífico y vive para contarlo.

Ella nunca fue uno de mis objetivos directos, pero a través de las comunicaciones interceptadas aprendí quién era — y cuánta fuerza tenía. Años después escuché que la DEA la cogió. Después de eso, su voz desapareció del tráfico radial.

La verdad es que la mayoría de la gente nunca ve este lado de la guerra del narcotráfico.
Ven una bolsa de cocaína en Nueva York y no entienden lo que cuesta en Colombia.
Cada gramo viene de violencia, de miedo, de familias rotas.
Una bolsa aquí muchas veces significa un muerto allá.

Es una cadena de conflicto que empieza en los manglares de Tumaco...
y termina en ciudades por todo el mundo.
Un ciclo que no perdona a nadie.

### Las Aguas Profundas

A medida que la inteligencia seguía llegando, el panorama crecía.
Cada día aprendíamos más sobre cómo estaban estructuradas las redes de

narcotráfico — cómo cada capa conectaba con la siguiente, cómo el mismo océano se convertía en infraestructura.

Empezamos a escuchar sobre algo más allá de las GO-FAST: los semisumergibles.

Estas no eran simples lanchas; eran máquinas diseñadas en las selvas cerca de Los Manglares, en zonas tan profundas y enredadas que solo se podía llegar a ellas por río. Eran fábricas clandestinas bajo los árboles, vigiladas, patrulladas, accesibles únicamente por canales angostos.

La construcción era organizada.
Láminas de fibra de vidrio — las mismas usadas para transportar cocaína — eran enviadas desde Tumaco río arriba hacia la jungla. Una vez llegaba el material, los ingenieros empezaban su obra. Traficantes estaban contratando a ingenieros rusos para diseñar y guiar la construcción. Ellos aportaban los planos técnicos — medidas exactas, sistemas de propulsión, cálculos de flotabilidad — mientras los trabajadores colombianos daban forma al cuerpo.

Eran híbridos — embarcaciones semisumergibles con motores diésel, creadas para navegar justo por encima de la superficie. No quedaban completamente bajo el agua como las de hoy en día, algunas manejadas de forma remota con GPS y satélite, dejando solo una antena invisible.
En esos tiempos, estos monstruos llevaban tripulaciones de hombres dispuestos a morir por el viaje.

Los cascos estaban pintados de un azul pálido, reflejando el color del Pacífico, mezclándose con el horizonte. Los narcos salían en época de vientos, cuando la superficie del mar estaba revuelta — la mejor cobertura. Recibimos incluso inteligencia de que los rusos habían dado materiales para hacer los cascos más difíciles de detectar por radar. No estaba seguro de qué tan cierto era, pero tenía razones para creerlo.

En uno de nuestros casos, interceptamos comunicaciones de un semisumergible que había salido del sur de Tumaco. Lo teníamos ubicado — todo listo.
Y de repente... desapareció.

Fuera de radar.
Fuera de señal satelital.

Una semana entera sin nada.
Sin movimiento. Sin comunicaciones.

Al final supimos la verdad: el buque había perdido flotabilidad y se hundió. Tres hombres murieron atrapados bajo el Pacífico.

Fuimos exitosos dos veces en nuestras operaciones. Dos semisumergibles interceptados — y eso fue algo único. Descargar esas cantidades en San Diego tomó horas, hombres trabajando en turnos bajo el sol de California; pero la satisfacción no tenía comparación: ver miles de kilos de cocaína apilados en un muelle, saber que le habíamos pegado directo al corazón de un imperio de miles de millones.

Pero no todo era tan sencillo.

Convencer a los altos mandos del NYPD de que esta operación tenía relevancia para Nueva York fue una lucha. Para ese momento, yo ya era un detective que viajaba regularmente a Colombia — a veces cada tres meses — pasando semanas en la embajada estadounidense, trabajando con la DIJIN, revisando comunicaciones día y noche junto a la comunidad de inteligencia, JIATF South, la Guardia Costera y la DEA.

La DEA, por su parte, estaba nerviosa.
Nuestra operación se había vuelto enorme — y estábamos tomando control del Pacífico. Incluso la Armada de Colombia estaba involucrada, pero cuanto más veíamos, más entendíamos la profundidad de la corrupción.

Encontramos evidencia de fiscales pagados, militares filtrando información, miembros de la Armada avisando a los narcos, incluso policías. Estaba en todas partes — la corrupción era parte del sistema.

Para conectar puntos, recurrí a la base de datos de la DEA, donde se registran los sellos únicos que los narcos ponen en sus kilos — sus firmas. Los nombres e imágenes eran interminables: Gucci, LV, Nike, animales, caricaturas... incluso un kilo marcado con la cara de Obama. Un carnaval absurdo de orgullo criminal.

Comencé a rastrear cada sello de nuestras incautaciones. Mes tras mes los números crecían.

Hasta que llegó la revelación:
uno de nuestros sellos apareció en el área Tri-State.

Esa fue la prueba contundente.
La misma cocaína que estábamos interceptando en el Pacífico estaba llegando a las calles de Nueva York.

Y así, todo cerró el círculo.


### La Expansión

A ese punto ya sabíamos cómo operaban: rutas, puertos, apellidos, y varios de los pesos pesados. Interceptábamos teléfonos, incautábamos embarcaciones, capturábamos figuras intocables.
Pieza por pieza, la red tomaba forma — y con ella, algo más grande empezó a revelarse.

Identificamos rutas del dinero, sistemas de lavado escondidos detrás de bienes raíces, compañías fachada y negocios de importación y exportación falsos.
Y lo que más llamó mi atención fue el nuevo tráfico — no de droga, sino de personas.

Mexicanos llegaban semanalmente a Colombia.
No eran turistas — eran emisarios, inversionistas, contadores, soldados de dos de los carteles más poderosos: Sinaloa y Jalisco Nueva Generación.

Compraban propiedades en Bogotá, Medellín y Cali — edificios completos, hoteles, restaurantes.
Lavaban millones a plena luz del día, reuniéndose en cafés elegantes, negociando cargamentos como si hablaran de exportar aguacates.

Otros viajaban hasta Tumaco, caminando las mismas calles donde antes mandaba la FARC, visitando laboratorios, cerrando acuerdos personalmente.

Y también empezamos a ver su presencia en la frontera con Venezuela, comprando influencia, reclutando, montando logística. Ya no eran clientes — se estaban volviendo dueños. Moviéndose como militares para controlar toda la cadena: cultivo, procesamiento y transporte marítimo.

Hicieron fincas cerca de la frontera, controlaron cultivos, montaron laboratorios con la FARC. Ya no compraban — producían.
Financiaban.
Aseguraban sus propias rutas.

Se expandieron a Ecuador, especialmente Guayaquil, tomando puertos clave para envíos gigantes a Europa.
Estaban creciendo más rápido de lo que cualquier agencia podía contener — más ricos, más inteligentes, más conectados.

El "proceso de paz" que el mundo vio como un milagro terminó siendo uno de los peores errores de Colombia.
Dejó un vacío.
Y los carteles lo llenaron.

En una reunión en la embajada, un coronel colombiano — un hombre que había dejado la vida en la lucha contra el narco — explotó de frustración.

Pero ese día no solo estaba desahogándose.
Tenía un propósito.

Al final de la reunión, bajó la voz y me dijo:

"Andrés, tenemos nuevas órdenes. La prioridad ahora es Clan del Golfo. Necesitamos tu ayuda para identificar sus jefes y destruir sus redes en la costa del Pacífico."

Me pasó un papel con inteligencia.
Pero lo esencial vino después:

"Estas órdenes vienen de Cuba."

Y ahí todo encajó.

La FARC estaba negociando "la paz" en Cuba.
Los comandantes sentados en mesa con el gobierno…
mientras seguían dirigiendo operaciones desde la sombra.

No querían pelear abiertamente con Clan del Golfo mientras estaban ante cámaras vendiendo la imagen de pacificadores.

Así que querían que el gobierno colombiano, apoyado por Estados Unidos, hiciera el trabajo sucio.
Eliminara a sus enemigos...
mientras ellos jugaban a la diplomacia.

Era brillante.
Y perturbador.

El coronel quizá no entendió el peso completo de lo que dijo.
Pero yo sí.

El pedido no era justicia — era estrategia.
Manipulación política.
Una guerra escondida bajo la mesa de negociaciones.

Me quedé callado, tomé notas, documenté todo...
pero no actué en esa dirección.

Seguí enfocado en mi caso.
En mi objetivo.

Pero esa reunión nunca se me borró.

Porque confirmó lo que ya sentía:
en Colombia hay una guerra que no se puede pelear de la forma tradicional.
Una guerra donde la corrupción está en todos los niveles...
y donde a veces quienes dan las órdenes son los mismos que protegen a los criminales.

Yo estaba viendo esa guerra en tiempo real.


**El Costo de una Lancha Rápida**

No todas las operaciones salían perfectas. Siempre había complicaciones cuando se trataba de interceptar esas Go Fast cortando el Pacífico. A menos que tuvieras identificados a los jugadores clave y un caso sólido construido alrededor de ellos, lograr que la Guardia Costera se moviera sobre una embarcación no era simple — y por buenas razones.

Desplegar un cutter en mar abierto no es solo personal; es costo, coordinación y riesgo. Mover un buque de ese tamaño cientos de millas consume miles de galones de combustible y requiere planificación logística precisa. No podías simplemente decir, "Vayan por ellos." Cada movimiento tenía que justificarse.

Y aun cuando la inteligencia señalaba una lancha específica, eso no significaba automáticamente que teníamos jurisdicción. Antes de que la Guardia Costera o cualquier agencia federal pudiera iniciar una persecución, un fiscal del Departamento de Justicia — usualmente de la Narcotic and Dangerous Drug Section (NDDS) o una Fiscalía Federal — tenía que revisar la evidencia, la inteligencia y los objetivos. Necesitaban ver valor procesal: jugadores principales, organizaciones conocidas, evidencia que pudiera sostenerse en corte.

No era burocracia — era estrategia.
Estos casos eran enormes, y la coordinación lo era todo. El proceso evitaba conflictos de jurisdicción entre agencias. A veces el mismo traficante podía estar siendo investigado en Florida, Texas y California — cada uno con acusaciones o declaraciones selladas. DOJ revisaba todo y decidía qué distrito tenía el caso más fuerte, la mejor oportunidad de condena, y dónde se podía causar mayor impacto.

Al final del día, no se trataba de egos — sino de eficiencia. Estados Unidos no necesitaba tres casos a medias; necesitaba uno sólido. Por eso era crítico tener inteligencia verificada antes de moverse sobre un cargamento. Cada interceptación, cada vigilancia, tenía que servir a un propósito mayor.

Con el tiempo, entendimos una verdad dura: la mayoría de esos hombres eran reemplazables.
Pescadores con manos curtidas y ojos vacíos — hombres nacidos en pobreza, ofrecidos una oportunidad única para alimentar a sus familias. Las organizaciones lo sabían. Los enviaban sabiendo el riesgo, sabiendo que si la lancha caía, otra tripulación estaría lista días después.

Incluso cuando incautábamos un cargamento, los kilos se destruían — quemados hasta quedar en ceniza. Y aunque los cargos podían llevar a cadena perpetua, los fiscales comenzaron a ver la inutilidad. Encerrar a un pescador desesperado por vida no iba a frenar al siguiente. Algunos ya habían pagado su precio antes de pararse frente a un juez.

Recuerdo un caso en particular — un cargamento de seiscientos kilos con tres hombres a bordo, acercándose a Centroamérica. Teníamos la inteligencia, el rastro, pero la Guardia Costera estaba demasiado lejos. La lancha había cambiado coordenadas hacia una zona menos patrullada. No existía el tiempo suficiente ni la logística para reposicionar unidades americanas; sería tarde.

Así que tomamos la decisión: enviamos la información a El Salvador. Ellos movilizaron un equipo de comando.

Tengo un profundo respeto por la Guardia Costera de EE.UU. Esos hombres y mujeres son maestros. La precisión para detener una Go Fast — un bote casi sin perfil, a alta velocidad, sobre aguas agitadas — es increíble. Primero disparan tiros de advertencia frente a la proa. Si no se detiene, cambian a un rifle calibre .50 — un arma capaz de destrozar un motor.

Cada misión también está grabada y en los videos se ve la intensidad de la situación.
El helicóptero flotando, las olas chocando, ambos moviéndose en ritmos opuestos — y aun así el tirador pega en el centro. Se ve el motor explotar, pedazos de metal girando antes de que la lancha muera.

Pero ese día no estábamos ahí.
Los salvadoreños tenían su propio estilo. Dispararon tiros de advertencia, pero sin la misma precisión, sin apoyo aéreo, sin esa coordinación practicada… era casi imposible.
El océano está vivo y siempre en movimiento.

Fallaron y le dieron a uno de los tripulantes.

El primer reporte: interceptación exitosa, un herido.
La lancha estaba entre cincuenta y cien millas náuticas mar adentro. Allí, una herida de bala en el pecho es sentencia de muerte sin un médico

entrenado — alguien como un PJ de la Fuerza Aérea capaz de mantener a un hombre vivo con herramientas limitadas.

Ellos no tenían eso.

Horas después llegó otro mensaje: la herida lo mató.

La siguiente información: una foto mostraba su cuerpo tendido en la cubierta, inmóvil en la oscuridad. Ese hombre salió buscando plata rápida, una oportunidad para escapar de la pobreza… y encontró el destino que traga a miles en este negocio.

Esa es la parte que nunca ven cuando hablan de cocaína —
Las lanchas rápidas, el dinero fácil, el poder.
Nunca ven esto:
Un muerto cubierto de agua de mar salada, su sangre mezclada con combustible, el océano borrando la evidencia.

Los carteles no pierden nada.
La próxima semana mandan otra lancha.
Otro padre. Otro hermano. Otro pescador.

La máquina sigue.

Esa es la verdadera crueldad del narcotráfico.
No solo destruye vidas —
Las consume en silencio, sin remordimiento, sin detenerse jamás.

### La Reunión con "El Chino"

Cuando empezamos a incautar más y más Go Fast — e incluso un par de semisumergibles — notamos un patrón. La mayoría de esos cargamentos estaban vinculados a una sola organización. Después de varios golpes, el jefe — el que todos mencionaban en susurros — estaba sangrando dinero y quedándose sin opciones.

Un contacto en México nos dijo: el jefe quería salirse.
Estaba asustado.
Sabía que alguien lo estaba cazando.
Demasiadas lanchas interceptadas.

Para este libro, lo llamo alias El Chino.

A través de un informante mexicano, le mandé un mensaje para decirle que quería hablar directamente con él. El Chino sabía que lo estaban cercando. No estaba equivocado. A través de un abogado y un intermediario en México, coordinamos una reunión — terreno neutral, alto riesgo.
Un hotel en Bogotá.

Tenía que escucharlo. Ya había hablado con las tripulaciones de las lanchas incautadas, con los hombres que trabajaban la costa en Tumaco. Uno de ellos, un operador de Sinaloa, había sido enviado para supervisar la calidad de un cargamento. Decidió — contra toda lógica — regresar a México en una Go Fast, solo para decir que había vivido la experiencia.

La historia terminó distinta:
terminó en la panza de un C-130, esposado, rumbo a Nueva York.

Así que sí, necesitaba hablar con uno de los jefes.
Entender su perspectiva, su proceso, su plata.
La misma curiosidad que me movió cuando fui encubierto todavía vivía en mí — quería saber cómo funcionaba realmente la máquina.

El primer contacto fue telefónico.
Le dije claro:

"Usted no tiene nada que perder. No lo van a arrestar. Solo quiero hablar. Yo le cuento lo que sé y usted me dice lo que piensa."

Aceptó.

Ya lo había identificado — algo nada fácil.
Era un fantasma.
Múltiples alias. Siempre moviéndose.

La DEA llevaba años detrás de él bajo distintos nombres de caso.

Cuando finalmente confirmé su identidad, fui a una reunión en la embajada con agentes de la DEA. Lo negaron rotundamente. Dijeron que no era su objetivo.

Pero yo sabía la verdad.
Estaban protegiendo su investigación — y su territorio.

No les cayó bien que yo lo hubiera identificado en menos de tres años cuando ellos llevaban varios tras él.

Después de esa reunión, subí al piso de Homeland en la embajada.
Todos sabíamos lo que estaba pasando.
Ellos sabían que yo lo tenía, y simplemente no querían admitirlo.

Comenzaron las llamadas — fiscales en distintos estados.
El Chino tenía varias acusaciones en Texas, Nueva York, Florida — cada una por cargas distintas.

Lo que casi nadie entiende es esto:

Antes de cualquier arresto o negociación, un fiscal federal del DOJ debe decidir qué distrito tiene la mejor autoridad, la evidencia más fuerte, y la mayor probabilidad de una condena sólida.
Evita que agencias se estorben entre sí.
No es competencia — es coordinación.

EE.UU. no necesita cinco casos incompletos.
Necesita uno irrompible.

Después de revisar todo, el fiscal federal en Nueva York me dio luz verde.

Ahí empezó el verdadero trabajo.
Necesitábamos seguridad.
No era cualquier traficante — El Chino era peso pesado.
Había movido miles de kilos por Centroamérica, México y EE.UU.
Tenía conexiones con duros de la FARC y una red internacional.

Una reunión casual en un hotel de Bogotá podía volverse un infierno.

Hicimos un plan como si fuéramos a zona de guerra.
Operadores en el lobby.
Otros en las escaleras.
Un equipo afuera, armado.
Bogotá es impredecible — y esto era delicado.

Él llegó con dos hombres.
Tranquilo.

Seguro.
Había reservado la suite del penthouse.

Subí con dos agentes de HSI.
Entramos, nos identificamos, mostramos credenciales.

Unos segundos de silencio puro — solo el ruido de la ciudad filtrándose por los vidrios.

Le dije que no se preocupara, que no estaba ahí para arrestarlo, que solo quería hablar.

Él sonrió y dijo:

"Si vamos a hablar, hagámoslo como caballeros. Pidamos comida, unas cervezas."

Tenía razón.
Todos estábamos tensos.
El aire tenía electricidad.
Unas cervezas bajarían la guardia y nos permitirían hablar — hombre a hombre, policía a traficante, el cazador y el cazado compartiendo mesa.

Y así fue.

Esa noche, sentado frente al hombre cuyas lanchas habíamos quemado y capturado durante años, entendí algo que pocos ven:

Al final, toda investigación — cada caso, cada kilo, cada arresto — termina en esto:
Una conversación entre dos hombres que saben exactamente lo que está en juego.

## El Pescador que se Convirtió en Jefe — Traducción

Nos sentamos alrededor de una mesa larga, estilo sala de conferencias, con vista a todo el horizonte de Bogotá. No era un restaurante normal; el hotel había despejado el salón, bajado las luces y lo había convertido en una suite privada de negocios.

Entraron dos parrilladas gigantes: cortes de sobrebarriga, chorizos, pollo, papas amarillas, y todas las delicias colombianas que te podés imaginar. El olor llenó la habitación—espeso, ahumado. Cada uno tenía una cerveza fría al lado del plato. La tensión empezó a soltarse un poco.

Era momento de hablar de negocios.

Siempre he creído que antes de hablar de crimen, plata o justicia, uno tiene que hablar de lo humano. Así que empecé sencillo. Le conté de dónde venía, cómo crecí en Colombia, cómo me fui a Estados Unidos, me metí al ejército y terminé siendo policía. Yo no estaba ahí sólo como agente de la ley—estaba como un pelado colombiano que logró salir adelante, sentado frente a otro que no tuvo la misma suerte.

Él asintió. Poco a poco, empezó a abrirse.

Me dijo que había comenzado como pescador. Un pelao joven que salía al amanecer a coger lo que se pudiera—pargo, atún, camarón—y lo llevaba de vuelta al muelle para venderlo. Trabajó duro, ahorró, compró más botes y terminó montando una pequeña pescadería. Sus empleados traían la pesca y él pasó de ser trabajador a ser vendedor. Le estaba yendo bien.

Hasta que un día, un comandante de las FARC—uno de sus clientes frecuentes—empezó a hacerse amigo de él. Con el tiempo, esa amistad se volvió negocio. El comandante le preguntó si quería ganarse una platica extra—dijo que no era riesgoso, que era sólo una inversión.

Él no lo pensó mucho.
Tenía los botes.
Conocía el mar.
Y tenía un ahorro ahí guardado.

Así empezó todo.

Usó uno de sus botes de pesca, metió a unos hombres de confianza, y ayudó al comandante a mandar un cargamento pequeño rumbo a Centroamérica. El comandante manejó la logística—combustible, casas seguras y la parada de reabastecimiento que coordinaban los ecuatorianos. El cargamento pasó. Y todos cobraron.

Me dijo que cuando vio cuánta plata había ganado en un solo viaje, sintió algo moverse por dentro. Lo que empezó como un favor se volvió tentación. La tentación se volvió codicia.

Se rió contándolo, pero los ojos lo traicionaron—vergüenza.

Empezó a mandar cargamentos una vez al mes. Luego cada quince días.

Y, como muchos colombianos, le metió religión al asunto. Bautizó los botes con nombres de santos y vírgenes—Santa María, Virgen del Carmen, San José—creyendo que esos nombres le daban protección. Dijo que tal vez por eso nunca lo habían agarrado.

Yo había visto esa contradicción mil veces—carteristas persignándose antes de robarle a una viejita, sicarios rezándole a sus santos antes de jalar el gatillo. Ahora lo oía en un hombre que movía toneladas de cocaína, convencido de que Dios había bendecido sus rutas.

Es parte de nuestra cultura—esa mezcla rara entre fe y fatalismo, donde los santos son escudo y la culpa se disfraza de superstición.

Siguió hablando.
Cuando hizo plata de verdad, Tumaco se le quedó pequeño.
Se mudó a Cali, compró una mansión en uno de los barrios más caros, vivía detrás de rejas altas y rodeado de lujos. Tenía esposa e hijos. Desde afuera, parecía éxito puro.

Pero entre más subía, peor se ponía todo.

Había presión por todos lados—las FARC exigiéndole que comprara más producto, la policía respirándole encima, y los jefes rivales vigilándolo. Él decía que no aprobaba la violencia, que era religioso, que para él "esto era sólo negocio". Pero los dos sabíamos que en ese mundo, nadie se mantiene limpio para siempre.

Luego me habló del hermano.

El hermano siempre le tuvo envidia, quería demostrar quién era. Contra su voluntad, el hermano se montó en un Go Fast rumbo a Centroamérica para mover su propio cargamento. La Guardia Costera los agarró en el mar.

Ahora el hermano estaba en una prisión federal en la Florida cumpliendo una larga condena.

Mientras hablaba, los ojos se le llenaron de lágrimas. Me dijo que no podía perdonarse por las consecuencias que su hermano estaba pagando.

Tomó un trago largo de cerveza y, en voz baja, me dijo que las FARC también se le habían volteado. Lo que empezó como amistad se convirtió en miedo. Lo tenían obligado a seguir moviendo cargamentos, seguir pagando, seguir alimentando la máquina—o lo mataban.

Me confesó que no dormía tranquilo desde hacía años.
Que era rico, pero infeliz.
Que tenía plata que no podía gastar, gente en la que no podía confiar, y una vida de la que no podía escapar.

Y ahí se quebró.

La voz le tembló.
Las manos también.

Nunca voy a olvidar lo que dijo después.

Me miró—ojos rojos, derrotado—y dijo:

"Si yo pudiera volver a ser un hombre libre, salir a pescar con mi bote y ganarme la vida honestamente, entregaría cada peso que he hecho. Cada uno. Porque todo esto—cada dólar, cada kilo, cada mentira—me está matando por dentro."

La sala quedó en silencio.

Por un momento, no éramos ley y cartel.
No éramos cazador y perseguido.
Éramos dos colombianos frente a frente, mirando de frente lo que realmente cuesta esta vida.

## La Traición

Seguimos hablando. Las cervezas iban por la mitad, los platos ya estaban desbaratados, y la noche se había vuelto más silenciosa. La conversación pasó de casual a confesional. Él empezó a soltar detalles — cómo funcionaban sus rutas, quiénes eran sus enemigos, cuánto dinero había gastado pagando gente.

Dijo que a veces ni siquiera estaba seguro de quién realmente estaba en la nómina — fiscales, policías, funcionarios de puerto — o si simplemente estaba alimentando fantasmas. Pero en su mundo, el rumor valía dinero. Si alguien susurraba que cierto oficial había que pagarle, usted pagaba. Porque si no, podía terminar muerto o, peor, arruinado.

Entonces me miró y preguntó la pregunta que yo sabía que venía:

"¿Y ahora qué pasa?"

Le dije la verdad.

Le dije:
"Te tenemos completamente. Solo queda una opción — entregarte. Presentarte ante la Fiscalía del Distrito Sur de Nueva York. Tal vez, si cooperas, los fiscales de los otros distritos te muestren algo de misericordia. Pero esta es tu única salida."

Él escuchó en silencio, asintiendo, con los ojos cansados. Después dijo que estaba listo — que quería entregarse. Que ya no podía vivir con ese peso encima. El hombre estaba roto.

Cuando la reunión estaba terminando, noté que él había entrado con un bolso de cuero, mediano. Se volteó hacia uno de sus hombres y le preguntó en español:

"¿Cuánto les debo?"

Me quedé frío.

"¿De qué estás hablando?", le pregunté.

Él se sorprendió.
"¿No les tengo que pagar nada?"

Le dije:

"No. Nosotros somos Estados Unidos. No hacemos eso. No estamos aquí por plata. Estamos aquí para decirte la verdad — que te tenemos, y que entregarte es tu única salida."

Él me miró un momento, casi confundido. Luego exhaló.

"Entonces está bien," dijo suave. "Está bien."

Prometió hablar con su abogado — el mismo con quien ya estábamos en contacto — y que se entregaría la semana siguiente.

En la embajada empezamos de inmediato el papeleo para su traslado. Después de años de perseguirlo, el caso por fin estaba cerrando el círculo.

Y ahí fue donde todo se desmoronó.

El fiscal asignado — un tipo nuevo, todavía tratando de ubicarse — empezó a sentir presión. Había múltiples jurisdicciones involucradas, todas reclamando el caso. La DEA tenía acusaciones activas relacionadas con el mismo hombre. Y en el mundo del narcotráfico federal, la DEA es el rey.

Cada caso grande de Homeland Security Investigations tenía que abrirse en conjunto con la DEA. Había que notificarlos, coordinar, asistir a reuniones de deconflicción — a veces incluso volar a Virginia para sentarnos en cuartos donde los agentes comparaban objetivos para que nadie pisara el caso del otro.

Era ajedrez burocrático, y todos lo sabíamos.

Pero esta vez era diferente.
Esta vez, nosotros teníamos el control.
Habíamos construido el caso, mapeado la red, identificado al hombre al que ellos llevaban años buscando.
Y no les gustó nada.

Estaban furiosos de que yo me hubiera reunido con él en Bogotá. Furiosos de que Homeland lo hubiera encontrado primero.

El fiscal, sintiendo el calor, no nos respaldó.
Cedió.

Unos días después, nuestra comunicación con el abogado murió. No contestaba. No devolvía llamadas.

Y pronto supe por qué — alguien de la DEA lo había contactado directamente. Ya estaban negociando la entrega de El Chino, usando el camino que *nosotros* habíamos construido.

Fue una traición.
Pura y simple.
Tres años de trabajo — borrados.

Dos semanas después, estaba en San Diego trabajando otra incautación — más de 2.000 kilos saliendo de un cutter de la Guardia Costera. El sol ese día estaba brutal, y el trabajo era lento. Abríamos los bultos, separábamos los kilos, tomábamos fotos, documentando pieza por pieza. Era un día eterno.

Había agentes de todas las siglas posibles — DEA, HSI, FBI, todos. Ya nos conocíamos bien. Uno de los de la DEA, un tipo que yo conocía, se me acercó cuando el descargue terminó. Se veía incómodo.

Me dijo:
"Tengo malas noticias para ti."

No tuve que preguntar. Ya sabía.

Sacó su celular y me mostró una foto. En la pantalla estaba El Chino, parado al lado de un agente de la DEA que yo conocía de la embajada en Bogotá — el mismo que había negado que ese caso fuera de ellos. Detrás de ellos había un jet privado pequeño, en la pista en Panamá.

Lo tenían.
Estaba bajo custodia.
Rumbo a Texas.

Esa fue la última vez que vi su cara.

Después supe que aceptó un plea — veinte años en una prisión federal.
Nunca cooperó.
Nunca dio nombres.

Quizá, en su propia manera, quiso terminarlo con algo de dignidad. Cumplir su tiempo y algún día volver a empezar, lejos de los fantasmas que lo perseguían.

No podía pelearlo. Nadie podía. La DEA tenía el poder, el fiscal perdió la valentía, y yo quedé parado en la sombra de la política.

Pero la verdad es que la misión importaba.
Habíamos destrozado una red que había mandado miles de kilos hacia Estados Unidos — una red que alimentaba codicia, violencia y adicción.

Y mientras las agencias peleaban por el crédito, yo me quedé ahí, en los muelles de San Diego, quemado por el sol y agotado, viendo cómo la evidencia de otro imperio se reducía a polvo blanco en plástico.

Esa es la parte que nadie ve.
La política.
La traición.
El costo.

Y al final del día, el océano sigue moviéndose.
Y el negocio también.

## Capítulo 9 — Regreso a Nueva York / Servicio en Trump Tower

### La Última Comisión

Habíamos terminado la operación cuando llegó la última orden: la DEA estaba preparando movimientos contra varios de nuestros sujetos en Tumaco.

Después de años persiguiéndolos, la instrucción administrativa era clara — cerrar todo.
Todas las redes que habíamos identificado. Todas las rutas. Todos los contactos.

Me reuní con miembros de HSI y de la Policía Nacional de Colombia. Todos estábamos agotados. Ese caso nos había consumido años de vida — miles de horas, vuelos interminables, noches sin dormir, y meses lejos de nuestras familias.

Para mí, Colombia se había convertido en un segundo hogar y un segundo campo de batalla. Pasaba uno, a veces tres meses seguidos allá. Amaba la misión, pero ya estaba fundido. Había llegado al tope de lo que siempre soñé en mi carrera... pero estaba drenado.

Y entonces, el día antes de regresar a Nueva York, sonó mi teléfono.

Era mi supervisor.

Aún recuerdo su voz:

"Oye Andrés, cuando aterrices mañana, tienes un nuevo asignamiento. Trump Tower. Sábado en la mañana. Uniforme completo."

Me quedé ahí, mirando el teléfono.

Tres meses viviendo de maletas en el corredor del Pacífico, trabajando inteligencia con autoridades colombianas, cazando narco-submarinos... y ahora regresaba a pararme afuera de un edificio en Midtown, en el frío, cuidando ascensores.

En ese momento, el departamento estaba cambiando. OCCB — la Organización de Control de Crimen Organizado acababa de ser desmantelada. Nos absorbieron dentro del Detective Bureau, y todo se sentía diferente.

Cuando éramos OCCB, éramos intocables. Vivíamos en la calle, armábamos nuestros casos, hacíamos arrestos de día y de noche. Éramos respetados porque producíamos resultados. Los detalles como desfiles o eventos de ciudad eran voluntarios — Halloween, Thanksgiving, New Year's Eve, si necesitaban cuerpos.

Pero ahora el Detective Bureau mandaba y quería recordarles a los viejos de OCCB que ya no éramos "especiales".

Era una revancha.

Y ahí estaba yo — Detective First Grade —, de uniforme, frente a Trump Tower, en pleno invierno. Las manos entumecidas, la espalda doliéndome, y mi mente todavía flotando sobre el Pacífico.

Los policías uniformados nos miraban de manera diferente. Sabían quiénes éramos, qué tipo de trabajo hacíamos, pero eso ya no importaba. Todos con nuestras libreticas — esos cuadernos azules donde anotabas tu actividad del día. El mío casi vacío. Años escribiendo notas de casos, no horarios de vigilancia de ascensor.

Y por dentro, algo se estaba rompiendo.

El trabajo ya no era el mismo. La administración de Di Blasio había arrancado autoridad de la policía. El sentimiento público había cambiado; ese respeto después del 9/11 se había evaporado. Los jefes buscaban complacer a políticos, no proteger las calles.

No se sentía bien.

Yo venía de meses en Colombia — agotado por la política entre agencias, el choque constante con la DEA, el fiscal que nunca nos respaldó, y el peso de demasiadas operaciones.

Y ahora estaba de regreso en Nueva York, en uniforme, viendo a turistas tomarse selfies frente a puertas doradas.

Esa noche, otro detective me miró y me dijo:

"¿Qué carajo haces aquí, Mahecha? Eres First Grade. ¿No acabas de llegar de Colombia?"

Solté una risa. Pero él tenía razón.

Le dije:
"La próxima semana pongo mis papeles."

Y lo hice.

Era tiempo.

Dios me había dado más de lo que alguna vez pedí — los mejores compañeros, los mejores jefes, los casos con los que muchos detectives solo sueñan. Había llegado a la cima de las investigaciones de narcóticos. Había cazado a lo peor de lo peor.

Pero mental y físicamente, yo estaba terminado.

Era hora de dar un paso atrás...
respirar...
buscar paz.

Siempre visitaba a mis padres en Florida, y cada vez que veía el océano, algo en mí se alineaba. El agua siempre había sido mi botón de reinicio. Me quedaba mirando las olas y pensaba:
Un día voy a vivir aquí.

No lo sabía en ese momento — parado en uniforme frente a Trump Tower con nieve acumulándose en mis botas — pero el próximo capítulo ya me estaba esperando en Florida...

y la persecución no había terminado.

Apenas iba a volverse global.

## Capítulo 10 — Mudanza a Florida

### La Promesa de la Paz

A finales del 2017, dejé el NYPD.

Después de una carrera larga, llena de experiencias increíbles, de grandes personas, y de todos los cambios constantes en la ciudad, sentí que ya era hora de algo distinto.
Necesitaba paz.

Y esa paz, pensé, me estaba esperando en Florida.

Encontré una casa cerca de Parkland. La elegí con cuidado, por una sola razón — mi hija, Samantha Mahecha.
Quería que creciera en un mejor ambiente, que empezara la secundaria en un lugar donde pudiera sentirse segura e inspirada.

Me dijeron que el código postal 33076, que cubría el distrito de Parkland, tenía una de las mejores escuelas del condado: Marjory Stoneman Douglas High School. (Bachillerato)
Eso fue suficiente para mí. Quería que tuviera oportunidades que yo nunca tuve, rodeada de gente que valorara la educación y la comunidad.

La escuela que le tocaba en Nueva York era Jamaica High School, y yo sabía perfectamente cómo era. Había pasado innumerables veces frente a ella — pelados afuera durante horas de clase, peleas, cero disciplina, cero orgullo.
Parecía un sistema rendido, abandonando a los mismos estudiantes que debía proteger.

Yo quería a mi hija lejos de eso.

La primera vez que manejé frente a Stoneman Douglas, no lo podía creer.

Parecía un campus universitario.
Césped perfecto, instalaciones enormes, un estadio de fútbol increíble, gradas llenas de estudiantes animando, puestos de comida, espíritu escolar en cada esquina.
Se sentía seguro, lleno de vida — exactamente lo que quería para ella.

Otra razón por la que elegí esa escuela fue la natación. Samantha había crecido en el agua. Nadar siempre fue un sueño mío también — yo competí un poco de joven, aunque nunca a gran nivel — pero quería que ella fuera más lejos, que tal vez nadara en la universidad algún día.
Stoneman Douglas tenía un excelente equipo de natación.

También estaba en ROTC — disciplinada, dedicada, orgullosa de su uniforme.
Amaba ambas comunidades, natación y ROTC, porque le daban propósito y estructura.

Por un tiempo, todo parecía perfecto. Estaba haciendo amigos, floreciendo, adaptándose.

Hasta que llegó el día que cambiaría todo.

Ella estaba en noveno grado, en el primer piso del edificio cuando pasó.
El perpetrador — cuyo nombre jamás mencionaré — abrió fuego por la ventana de su salón. Intentó abrir la puerta, pero estaba cerrada con seguro. Su profesora actuó rápido, movió a los estudiantes hacia la pared más lejana para que, desde afuera, el salón pareciera vacío.

Esa reacción rápida les salvó la vida.

Pero no todos tuvieron la misma suerte.

Una de las amigas de Samantha había salido minutos antes al laboratorio de computación.
Nunca regresó.
El tirador la mató allí.

Otro estudiante trató de correr hacia el salón de Samantha para refugiarse, pero la puerta estaba cerrada.
Lo mataron a pocos pasos.

Samantha también perdió al capitán del equipo de natación, un muchacho al que admiraba profundamente.
Y perdió a un compañero de ROTC — chicos con los que había marchado, saludado, reído.

En una sola tarde, perdió pedazos de su mundo.

Cuando comenzaron los disparos, Samantha me llamó.
Podía escuchar el miedo en su voz, aunque intentaba mantenerse calmada.
Me susurró que algo estaba mal, que había escuchado tiros.
Le dije que se escondiera, que se quedara callada, que se mantuviera baja.

Mientras hablaba, yo ya estaba manejando — atravesando tráfico, pasándome semáforos, tratando de llegar a ella. Cada segundo era una eternidad.

Cuando me acerqué a la escuela, las carreteras estaban colapsadas. Sirenas por todas partes.
Me bajé del carro y corrí hasta que un oficial, con un AR-15 colgado del hombro, me detuvo.

"Lockdown," me dijo. "No puede entrar."

Le enseñé mis credenciales — le dije que era NYPD retirado.
Movió la cabeza. "Nadie entra."

Busqué otra entrada, otro punto, otra oportunidad. Nada. Todo sellado.
Así que me quedé en el teléfono con mi hija.

Hasta que me dijo,
"Papá, la policía está aquí. Están en mi salón. Nos están sacando."

Le dije:
"No mires al piso. Mira al frente. Solo camina."

Ella dijo que había sangre.
Le dije que no mirara, que no pensara — que solo saliera.

Cuando finalmente la vi corriendo hacia mí, nunca olvidaré esa imagen — la cara pálida, las manos temblando, pero viva.
La abracé más fuerte que nunca en mi vida.

Nos montamos en el carro y nos fuimos.

Antes de irme, abracé a su maestra y le agradecí por salvar la vida de mi hija. Esa mujer tendrá mi respeto para siempre.

En la casa, llegó el shock. Samantha no podía dormir sola. Por semanas, dormí en su cuarto porque tenía miedo de cerrar los ojos. Poco a poco, se fue fortaleciendo. Pero el miedo seguía allí. No podía quedarse sola en casa, y los ruidos fuertes la hacían brincar.
Tomó tiempo — tiempo, paciencia y oración.

Para mí, la culpa se instaló como una sombra.

Había traído a mi familia a Florida buscando paz — buscando seguridad — y pasó esto.
Había enfrentado traficantes armados, carteles, terroristas en varios continentes, pero nunca me sentí tan impotente como ese día, parado afuera de una escuela que yo pensé que protegería a mi hija.

Eventualmente llegó el día en que Samantha tuvo que volver al colegio. Se sentó en el asiento del pasajero, paralizada. Vi el miedo en sus ojos.

Me susurró,
"Papá, no puedo entrar."

Me volteé hacia ella y le dije:

"Si no te bajas de este carro ahora mismo, ese desgraciado gana.
No puedes dejar que gane, Samantha.
Tú no."

Ella miró por la ventana por un largo momento.
Luego asintió, abrió la puerta y bajó.

Ese día entendí algo que nunca olvidaré:

Puedes mudarte de estado, de país, de océano…
pero el mal siempre encuentra una manera.

Yo vine a Florida persiguiendo paz.

Pero la paz, aprendí,
es algo que se pelea todos los días.

# PHOTO SECTION

**Primeros días en el NYPD — La antigua Academia de Policía en la Calle 20**

Mis primeros pasos en la aplicación de la ley comenzaron en la antigua Academia de la Calle 20, donde aprendí las bases que moldearon todo lo que vendría después.

**Unidad de Carteristas — "Z" en atuendo encubierto**
Mi compañero "Z" se vestía para mezclarse en las tiendas por departamento mientras cazábamos a las bandas organizadas de carteristas por todo Nueva York.

**Después de una compra de narcóticos con Joe King, mi mentor en los primeros años.**
Joe luego pasó a REDRUM, de la Fuerza de Tarea de la DEA (su nombre es "murder" al revés), enfocada en los *joloperos* que robaban a los narcotraficantes.

**Encubierto con HSI BEST — Recogida de 200 mil dólares**
Una misión de infiltración profunda con el equipo HSI BEST, manejando la recogida de más de $200,000 en ganancias del narcotráfico.

**Ascenso a Detective de Segundo Grado — Comisionado Raymond W. Kelly**
Recibiendo mi placa de Detective de Segundo Grado de manos del Comisionado Raymond W. Kelly — "Popeye" — en el edificio de la Reserva Federal.

**Ascenso a Detective de Primera Categoría — Comisionado William J. Bratton**

Mi ascenso a detective de primer grado, otorgado por el comisionado Bratton mientras estaba asignado al BEST Task Force.

**Más de 20,000 glassines — Apartamento de heroína en el Bronx**
Dentro de un laboratorio de heroína en el Bronx, donde incautamos más de 20,000 glassines después de realizar un pedido grande y observar al equipo empaquetar heroína durante toda la noche.

**Crimen Organizado / Unidad de Marcas Registradas — incautación de Viagra falsificado**
Una gran recuperación de pastillas chinas de Viagra falsificadas que contenían acetaminofén, una "fórmula" utilizada para reducir los dolores de cabeza causados por el producto falso.

**Informe de Compra — adquisición de cocaína por $5,000**

Un informe que documenta la compra de $5,000 en cocaína a un distribuidor que abastecía a un falso médico que posteriormente huyó a Costa Rica.

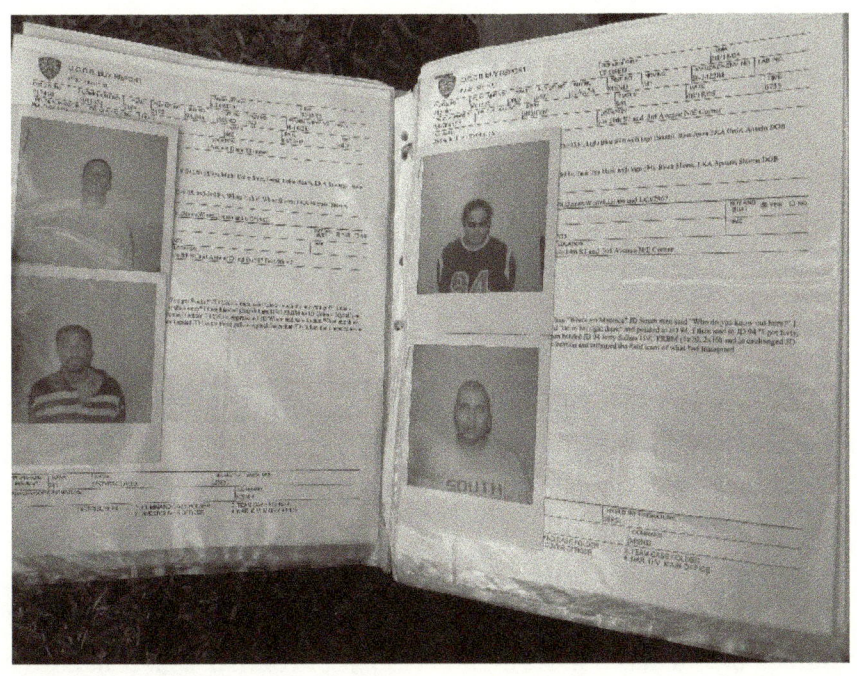

**Informes de operaciones "compra y arresto"**
Una colección de informes de *buy-and-bust* provenientes de operaciones callejeras ininterrumpidas — el ritmo diario del trabajo encubierto en narcóticos

**Entrada oculta descubierta usando chupas encontradas en el baño**
Una trampa oculta en el piso dentro de un apartamento, localizada únicamente después de golpear las baldosas con destapadores y escuchar el sonido hueco debajo.

**Kilos recuperados de la trampa**

Ladrillos de kilo de cocaína extraídos del compartimento oculto una vez que abrimos el piso.

**Primera tripulación del Pacífico arrestada — más de 700 kilos**
La primera tripulación marítima que arrestamos en el Pacífico, transportando más de 700 kilos. En el centro está el alias "Carlos", quien posteriormente murió en una prisión federal.

**Trabajando con la DIJIN — Policía Nacional de Colombia**
En misión en Colombia, trabajando junto a la DIJIN, el brazo investigativo de la Policía Nacional de Colombia. (me prestaron el jacket, compañerismo y gratitud)

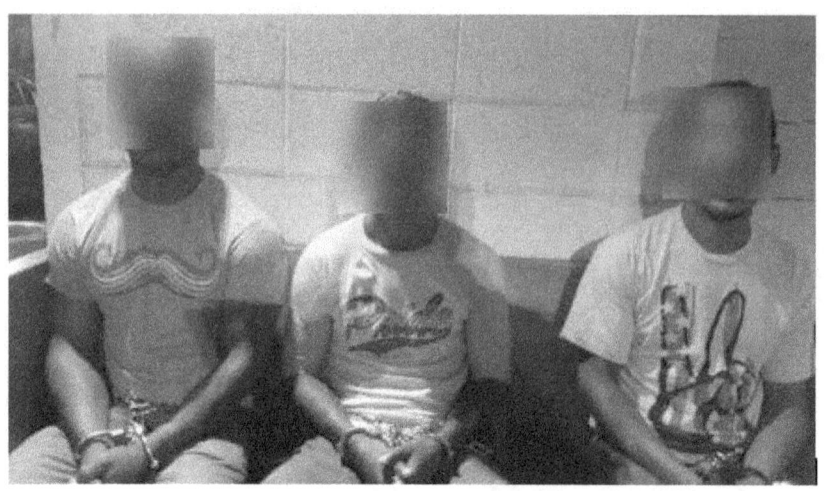

**Prisioneros de una lancha rapida — ropa proporcionada para la corte**
Prisioneros capturados durante otra operación contra una lancha rapida, después de que mi equipo les quitara los trajes de protección y les entregara ropa limpia para presentarse en la corte.

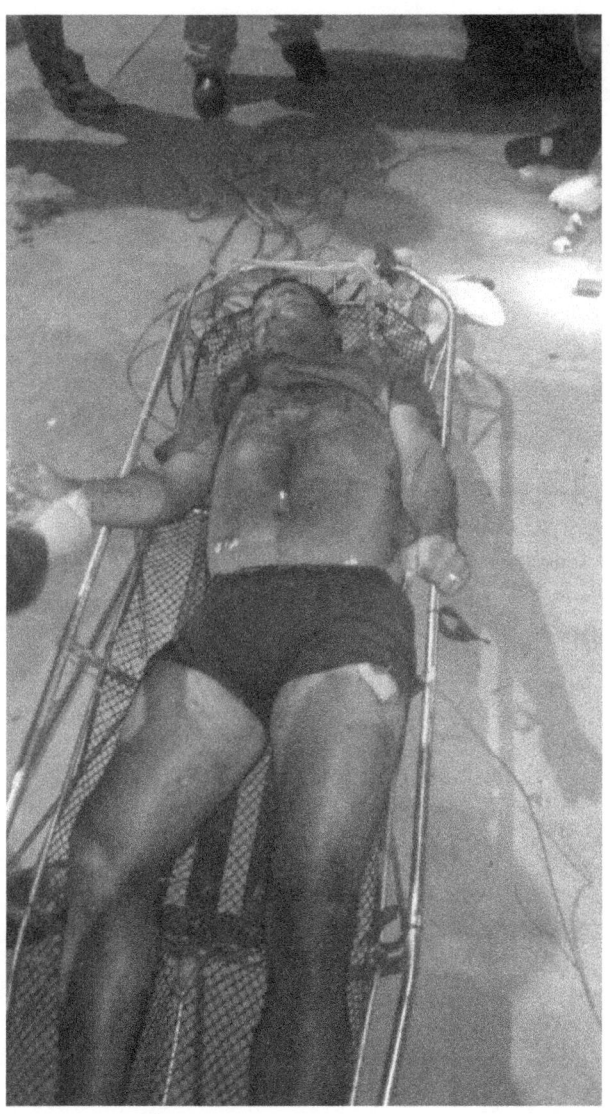

**Capitán de lancha herido por comandos salvadoreños**
Un capitán de lancha resultó herido por comandos salvadoreños mientras intentaba escapar en alta mar con un cargamento de 600 kilos.

**Diseño de GFV — motores gemelos de 75 HP**
La configuración típica de una go-fast vessel: dos motores de 75 caballos de fuerza, canecas azules de combustible y compartimentos ocultos repletos de cocaína..

**Detalle del motor de una lancha rapida — bandera de Ecuador**
Una vista detallada del área del motor de la GFV, incluyendo una pequeña bandera ecuatoriana pintada en la parte de atras. Gracias a nuestra operación estas banderas no son validas como identificación.

**Kilos flotando — atados para su recogida**
Paquetes de kilos flotando en el mar, amarrados con cuerda para que otra tripulación pudiera recuperarlos después.

**Marcador de boya — preparación para recuperación**
Una boya amarrada a los kilos arrojados al mar, permitiendo que los traficantes regresen más tarde y recuperen la carga después de evadir a las autoridades.

**Incautación de dinero — Operación Fiebre Australiana**
Dinero incautado en Colombia durante la Operación Fiebre Australiana, parte de una importante investigación internacional de narcóticos.

**Carga del Pacífico descargada — Laboratorio de la DEA en San Diego**
Una carga de cocaína recuperada en el Pacífico y transportada al laboratorio de la DEA en San Diego para su procesamiento completo.

**Sellos de kilos — identificadores del cartel**
Sellos y marcas en los ladrillos de kilo, utilizados por los carteles para identificar propiedad y rutas operativas.

**Operación encubierta de compra y arresto**
Imagen capturada durante una operación encubierta de compra y arresto —una de las innumerables operaciones realizadas en las calles.

**Intercambio mano a mano con Robert Chambers**
El momento exacto de un intercambio mano a mano de cocaína con Robert Chambers, el infame "Preppy Killer."

**Dentro del apartamento de Chambers — imagen de cámara oculta**
Una imagen tomada de la cámara oculta que llevaba puesta mientras realizaba una compra grande de cocaína dentro del apartamento de Robert Chambers.

**Articulo de un periodico**

Un periódico de 1981 que informa sobre el secuestro del misionero Chester Bitterman en Bogotá, con un guerrillero armado del M-19 de pie detrás de él.

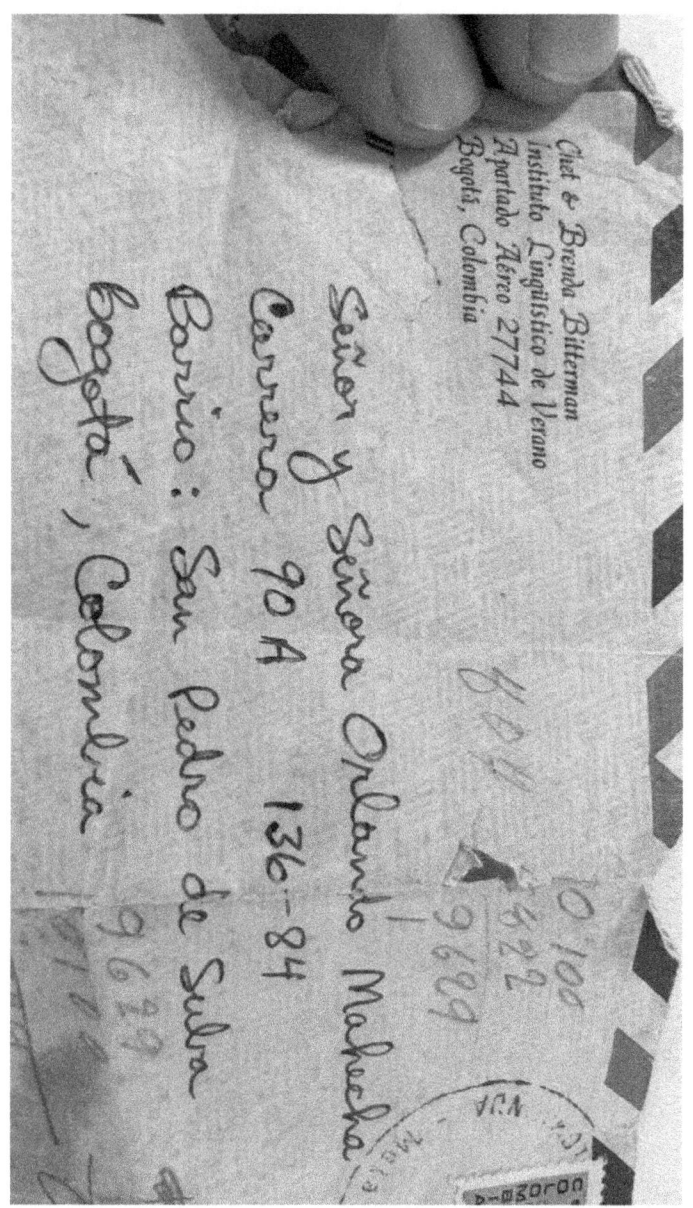

**Carta de Chester Bitterman — escrita en Meta**

Una carta que Chester le escribió a mi padre en Bogotá mientras servía en Meta, traduciendo la Biblia para las comunidades indígenas.

Petro enarboló con orgullo la bandera del M-19 en 2024.

**Retrato de Chester Bitterman**
Una fotografía de Chester Bitterman, quien murió como mártir mientras difundía la Palabra de Dios en Colombia.

**Dentro de un GFV — operación en Panamá**
Dentro de una lancha rápida incautada durante operaciones marítimas cerca de Panamá.

**Personal militar colombiano tras desactivar un IED**

Personal militar colombiano después de desactivar un IED (Artefacto Explosivo Improvisado) en una carretera cerca de Tumaco. Esta operación se llevó a cabo mientras yo estaba asignado a la Oficina Regional de Miami del FDLE.

**Miembro de cartel detenido en Guatemala tras aterrizar.**
Detrás de él: la carga de kilos y el fusil personalizado con el que llegó.

"Avión Gulfstream después aterrizaje en pista clandestina."

Otro dia otro loco aterrizaje.

**Héroes de los que nadie habla: los Comandos Militares de Guatemala.**
Implacables, disciplinados y siempre los primeros en el terreno en la lucha contra el narcotráfico

**Avión incendiado tras una entrega exitosa de droga** — el procedimiento estándar del cartel para borrar toda evidencia en cuestión de minutos después de aterriza

**Semisumergible incautado — operaciones en el Pacífico**
Un semisumergible capturado durante operaciones en el Pacífico — una de las plataformas de contrabando más encubiertas utilizadas por los carteles

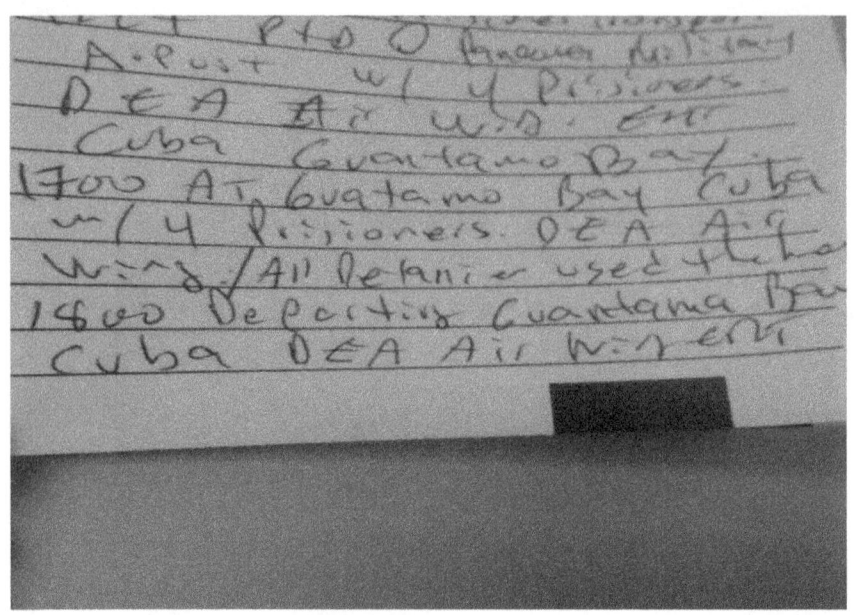

**Libro de notas — registros de transporte en la Bahía de Guantánamo**
Entradas en el libro de notas que documentan la llegada y salida de prisioneros a través de la Bahía de Guantánamo durante operaciones conjuntas..

**Transporte de prisioneros en C-130 — hacia la Ciudad de Nueva York**

En un avión C-130 transportando a tres prisioneros colombianos y uno mexicano a la Ciudad de Nueva York para su enjuiciamiento federal.

**Descarga en San Diego — incautación en el Pacífico**

Descargando una importante incautación de varios toneladas de cocaína en la instalación de la DEA en San Diego.

**Dentro del edificio del sindicato DEA (Detective Endowment Association), de pie junto a fotos históricas**. Robert Chambers, con el detective James Vanacore a la derecha.

**Carga semisumergible de 5.000 kilos.**
Frente a casi 5.000 kilos de cocaína incautados de un semisumergible — un muro de ladrillos apilados más alto que yo.

El detective Mike DeAlmeida estaba junto al agua, frente a FDR Drive, sosteniendo el teléfono satelital como un experimentado capitán portugués. Nos colocamos junto al río para que las gaviotas, el viento y el ruido del puerto dieran la ilusión de que llamaba desde un carguero frente a la costa — no desde Manhattan al anochecer.

Trabajar con el DIJIN en Bogotá junto a mi socio Fernando Espinola fue un honor. Fernando era un experto en micrófonos y casos importantes, y desempeñó un papel clave durante toda nuestra investigación. Antes de unirse a la unidad, ya había iniciado él mismo el caso de pandillas más grande en la historia del NYPD — el caso que le valió su puesto en el equipo.

**Con Miles Sonn — Proteccion Ejecutiva para el Gobernador DeSantis durante la Convención Nacional Republicana.**

Que en Paz descanse mi hermano.

Siempre extrañándolo.

## Capítulo 11 — Regreso a la Fuerza en Florida / School Marshal / FDLE

### De Vuelta al Uniforme

El incidente en Stoneman Douglas dejó una marca que ni mi hija, Samantha Mahecha, ni yo olvidaríamos jamás. Cambió todo.

Durante meses después del tiroteo, no dejé de repetir ese día en mi cabeza — la llamada, la impotencia, la mirada en sus ojos cuando finalmente corrió hacia mis brazos.
Había pasado mi carrera entera persiguiendo el mal a través de océanos, pero ahora lo había visto de cerca, en el lugar donde creí que mi propia hija estaría más segura.

Luego empecé a escuchar que Florida estaba haciendo cambios — nuevas medidas para proteger las escuelas, nuevos programas para evitar que algo así volviera a ocurrir.
Específicamente, en el condado de Broward, estaban lanzando algo llamado School Marshal Program.

Eso captó mi atención de inmediato.

Buscaban exoficiales de policía y veteranos militares — gente con experiencia, disciplina y corazón — para trabajar dentro de las escuelas públicas, protegiendo niños.
El anuncio incluso decía que la calificación de armas de fuego sería dura — que los participantes tendrían que cumplir el mismo estándar requerido para los instructores.

Cuando leí eso, algo dentro de mí hizo clic.

Había llevado la placa por años, pero casi nunca trabajé realmente en uniforme.
Aun así, después de lo que le pasó a Samantha, sentí la necesidad de hacer algo — de volver a servir, pero esta vez desde la base, protegiendo directamente a los niños que más lo necesitaban.

Así que me inscribí.

Me convertí en parte de la primera Academia de Agentes de Protección Escolar de la Oficina del Sheriff de Broward.

El entrenamiento no era sobre resistencia o correr — era sobre precisión.
La parte de armas fue agotadora.
Hora tras hora en el polígono, repasando los fundamentos: alineación de miras, control del disparador, movimiento.
Practicábamos disparar desde cobertura, avanzar mientras disparábamos y reaccionar bajo estrés.
No se trataba solo de pegarle al papel; era sobre tomar decisiones bajo fuego.
Cada escenario simulaba un tirador activo dentro de una escuela, donde cada segundo contaba y dudar podía costar vidas.

La política era clara y repetida hasta el cansancio:

Si comienzan los disparos, confrontas.
Sin esperar refuerzos.
Sin perímetros.
Te mueves hacia el sonido.

Porque así es como se salvan vidas. Ese pensamiento se volvió la base del programa, y nunca se me fue.

Durante un año entero trabajé en ese programa.
Conocí a los estudiantes, a los profesores, a los custodios, a los de la cafetería — a las personas que sostienen una escuela sin que nadie lo note.
Aprendí sus miedos, sus esperanzas, sus rutinas diarias.

Pero en el fondo, seguía sintiendo lo mismo — esa sensación que vivió conmigo durante décadas.
Ese empuje interno que decía:
Todavía no has terminado.

Incluso trabajando en la escuela, seguía recibiendo llamadas de fuentes — viejos contactos de Colombia, México y Centroamérica. Me llamaban a cualquier hora para darme información sobre cargamentos, nombres y rutas.
Yo la pasaba en HSI Miami y HSI Nueva York, simplemente tratando de ser útil.

Pero llegó un punto en el que me pregunté algo obvio:

¿Por qué estoy haciendo esto gratis?

Me di cuenta de que no era costumbre — era propósito.
Era lo que yo era. Lo que siempre había sido.

Entonces decidí regresar.

Comencé el proceso para obtener mis certificaciones policiales del estado de Florida, completé todas las pruebas estatales, y poco después ingresé a la Florida Department Of Law Enforcement (FDLE) — la agencia investigativa élite del estado y el brazo directo del Gobernador para investigaciones mayores y protección ejecutiva.

La misión de FDLE es clara:
proteger al Gobernador, salvaguardar al estado e investigar crímenes mayores.
Cada oficina regional también maneja sus unidades especializadas.

Pasé mis pruebas físicas, entrevistas y revisiones de antecedentes.
Luego asistí a la academia, me gradué, y fui asignado a la Oficina Regional de Miami.

Al principio, me asignaron a una Joint Terrorism Task Force.
Aún no trabajaba en el edificio del FBI; me tenían en una oficina pequeña de Broward que manejaba los casos rezagados — pistas viejas, información sobrante de investigaciones anteriores que ya se habían enfriado.

La asignación no era emocionante.
La mayoría de los días te sentabas esperando a que entrara alguna información.
Era lento — dolorosamente lento.

Yo no estaba hecho para eso.

Estaba acostumbrado al ritmo rápido: estar en la calle, hacer vigilancias, perseguir objetivos, hacer arrestos, viajar entre países.
Sentarme detrás de un escritorio esperando pistas muertas se sentía antinatural.
Necesitaba regresar a mis raíces.

Después de años llevando operaciones de alto riesgo por el Pacífico y Suramérica, revisar expedientes viejos no era lo mío.
Así que fui donde el Special Agent in Charge, (el jefe mas grande de la oficina) me senté en su oficina y le dije directo:

"Jefe, le agradezco la oportunidad, pero esto no es lo mío.
Necesito volver a narcóticos.
Ahí es donde pertenezco."

Él escuchó. Él entendió.

Y me dio la oportunidad.

No mucho después, me reasignaron a una Task Force del ATF basada en Miami.
La unidad estaba dirigida por José Ramírez, un ex–agente encubierto de la Policía de Puerto Rico, luego Detective en Orlando y finalmente Agente del FDLE.

Antes de que dijera una sola palabra, ya se podía ver la vida que había vivido.

José cargaba cicatrices — cicatrices de verdad — de esas que solo se ganan trabajando encubierto en sitios donde una frase equivocada te puede costar la vida.
Cicatrices en el cuerpo, recordatorios silenciosos de que este trabajo no es glamuroso.
Es letal.
Y él las llevaba como otros llevan medallas.

José no era otro supervisor más — era un personaje, de esos que solo te encuentras una vez en tu carrera.

Desde el primer día, me cayó bien.

Tenía esa mezcla rara de calle, experiencia y corazón.
Entendía el mundo de narcóticos como solo lo entiende un encubierto — no desde libros o informes, sino desde el olor a diésel en un muelle a las 3 de la mañana, desde una mesa frente a asesinos, sudando bajo presión mientras rezas porque tu "cover" aguante.

Hablábamos el mismo idioma sin tener que explicarnos nada.

Cuando yo le decía lo que estaba trabajando o hacia dónde debía ir un caso, él no parpadeaba.
Sabía por qué.
Porque él había estado ahí.

Ser encubierto en Puerto Rico le enseñó las mismas verdades que yo aprendí en Nueva York y en Colombia:
la pelea real no era local — era internacional.

Él sabía cómo se movían los cargamentos de 300 kilos por el Caribe.
Entendía el flujo desde Venezuela, Colombia, República Dominicana, Puerto Rico y las islas.
Sabía cómo encajaban los paramilitares, los carteles, los brokers, los couriers.
Sabía cómo sentarse con una fuente de alto nivel, leerla, manejarla y sacarle resultados sin ponerla en peligro.

Y sobre todo, había algo personal en su forma de pelear la guerra contra las drogas.
No era un trabajo para él.
Era emocional.
Intenso.
A veces parecía que cada caso significaba algo para él — como si cada carga incautada fuera un mensaje directo a los hombres que estaban envenenando nuestras comunidades.

Cada semana — a veces dos veces por semana — nos llamaba a todos a la mesa de conferencias.
No para regañar, no para controlar, sino para guiar.
Quería saber en qué iba cada caso, qué obstáculos teníamos, qué necesitábamos.
Presionaba por resultados, pero también por apoyo.

Si necesitaba viajar a Colombia, él movía el papeleo.
Si necesitábamos fondos, él peleaba por ellos.
Si las cosas se ponían políticas, él se plantaba entre nosotros y la basura.

Y no dirigía desde un escritorio.

Salía a la calle con nosotros.

Vigilancias, arrestos, compras controladas, entrevistas — lo disfrutaba.
Vivía para el trabajo.

Cuando empecé a informarle a José sobre los casos futuros en Venezuela, él se metió de lleno.
Quería ver un cambio en Venezuela tanto como yo.
Parte era profesional, pero parte era personal — su esposa era venezolana.
Entendía la corrupción, el sufrimiento, el colapso.
Cada vez que llegaba inteligencia sobre Venezuela, yo veía cómo algo en él cambiaba — más seriedad, más determinación.
Quería golpearlos fuerte.

Lo que lo hacía diferente era sencillo:

Creía en la misión.
Creía en el trabajo.
Y creía en nosotros.

Supervisores así son raros.
Hombres como José Ramírez... aún más.

Él marcó la pauta desde el primer día:
Trabajamos duro, y entregamos resultados.

Yo encajé perfecto.

El equipo era pequeño pero sólido — cuatro hombres y dos mujeres.
Nunca había trabajado tan de cerca con investigadoras mujeres, pero estas eran increíbles — duras, valientes, precisas.
Podían manejar vigilancia, interrogatorios y operaciones con absoluta profesionalidad.
Terminé con un respeto enorme por ellas.

Ese fue mi inicio en Florida — la segunda mitad de mi carrera.

Hay personas que conoces en este trabajo que te dejan una marca sin intentarlo — hombres cuya vida parece girar alrededor de ayudar a los demás, especialmente a los que llevan la placa.
Para mí, uno de esos hombres fue Miles Sonn.

Había trabajado años con Homeland Security Investigations en Nueva York, y me encantaba cómo operaban.
Su ritmo, sus instintos, su visión del narcotráfico transnacional — encajaban conmigo.
Yo los entendía, y ellos me entendían.

Así que estando en un Task Force del ATF, todavía sentía ese jalón hacia HSI.

Mi experiencia me había enseñado que nadie leía el mundo del narcotráfico internacional como ellos.

Y entonces, un día, en una conferencia en West Palm Beach, todo cambió.

Ahí conocí a Miles — agente especial retirado de HSI, ahora trabajando en FDLE en la oficina de Broward.
Desde que nos sentamos, la conexión fue instantánea.
Era de esos tipos con los que puedes hablar horas — historias, lecciones, bromas — todo sin tomar aire.

Uno de esos hombres imposibles de olvidar.

En medio de la conversación mencioné que había sido salvavidas de la ciudad en mi juventud.
Miles se quedó congelado, como rebobinando un recuerdo.

"¿Tú fuiste salvavidas?"

"Sí," le dije. "Rockaway."

Se rió, con esa risa de reconocimiento profundo.

"Yo también fui salvavidas," dijo. "Pero mucho antes que tú."

Ahí me cayó el veinte:
Miles no era solo otra agencia, otro uniforme — era otra era.
Generación vieja.
Dureza neoyorquina de la real.
Un corte diferente, pero del mismo tejido que yo.

Él había trabajado las sillas en Coney Island, años antes de que yo tocara arena en Rockaway.

Playas distintas, décadas distintas, pero el mismo océano, los mismos hombros quemados por el sol, la misma adrenalina de correr hacia el agua cuando alguien te necesitaba.

Por curiosidad — y porque hay un nombre que todos los salvavidas de NYC conocen — le pregunté:

"¿Alguna vez conociste a Richie Sher?"

Sus ojos se iluminaron.

"¿Estás bromeando? Claro que conocí a Richie."

Ese fue el clic final.

Le conté cómo Richie había sido mi modelo, cómo lo había visitado recientemente en Rockaway, cómo pude agradecerle por todo lo que hizo por mí.
Miles asintió con un respeto que solo otro salvavidas de ese mundo podía entender.

Luego, en modo clásico Miles, abrió el cofre de historias — sobre sus días en Coney Island, los veranos salvajes, los rescates, las peleas, los personajes. En un punto sacó una foto vieja donde salía con esos bañadores naranjas diminutos que daba la ciudad — los mismos que yo odié cuando me tocó a mí años después.
Pero en él, en esa foto vieja y desteñida, parecía una insignia de honor de una Nueva York que ya no existe.

Ahí entendí algo:

Miles y yo no solo veníamos de la ley… veníamos del agua.
El mismo mundo, solo capítulos distintos.

Desde ese momento, ya no éramos solo colegas.
Éramos amigos.

Cuando le conté sobre mis casos en Nueva York, hizo unas cuantas llamadas — silenciosas, eficientes, como un hombre que se había pasado la vida construyendo puentes. Verificó quién era yo, y después de eso empezó a conectarme con la gente correcta en la oficina de HSI Miami.
Eso era lo que Miles hacía mejor que casi nadie: conectaba personas.

Tenía esa habilidad impresionante de recoger información en un lugar y saber exactamente quién necesitaba escucharla.
Tenía amigos en cada departamento, cada agencia, cada rincón de las fuerzas del orden.

No solo era querido.
Era respetado.

Y no solo era respetado.
Era confiable.

Narcóticos era su mundo. Trabajo encubierto, investigaciones internacionales, viajes por Latinoamérica — él lo había vivido todo.
Hablaba español perfectamente, conocía Colombia, conocía Argentina, conocía el terreno y la cultura como solo alguien que ha caminado esas calles puede hacerlo.
Cuando lo veía, siempre lo saludaba en español, y él respondía igual de fluido, sonriendo como si disfrutara sorprender.

Miles abrió la puerta para que yo pudiera trabajar nuevamente con HSI — igual que en Nueva York. Él veía el potencial, la importancia de unir agencias, ampliar alcance, construir casos desde múltiples ángulos.
Y gracias a él — gracias a que hizo las llamadas y abrió el camino — pudimos empezar a construir las investigaciones sobre el Cartel de los Soles, rastreando las aeronaves que salían de Venezuela hacia Centroamérica.

No solo me ayudó profesionalmente.

Me ayudó como hombre.

El 15 de diciembre de 2024, Miles falleció.
Y la verdad es que dejó un vacío imposible de llenar.
Todos los que lo conocían sintieron la pérdida.
Era un tipo raro — uno de esos cuyo propósito de vida es ayudar a los demás, especialmente a quienes cargan la responsabilidad de una placa y un arma.

Te extraño, hermano.

Todos te extrañamos.

Este pequeño tributo nunca estará a la altura del hombre que fue, pero merece estar aquí — en estas páginas — porque él fue parte de este camino.
Porque ayudó a formarlo.
Porque hombres como él merecen ser recordados.

**La Misión Continuó**

Volví a contactar a mis fuentes en Colombia.
"Volvimos al juego," les dije.
Y de inmediato empezaron a enviarme inteligencia fresca.

Me contaron que el negocio había cambiado otra vez — las rutas estaban evolucionando. Cada vez más cocaína se movía en avión en vez de por mar. Decían que un nuevo giro de gobierno en Colombia había disparado la producción, y que varias facciones de la antigua guerrilla ahora estaban enviando cargamentos hacia el norte, cruzando por Venezuela.

Y fue ahí cuando escuché por primera vez el nombre que definiría el siguiente capítulo de mi vida:

**El Cartel de los Soles.**

Una poderosa organización narco–terrorista incrustada dentro de las Fuerzas Armadas de Venezuela, trabajando mano a mano con grupos guerrilleros como el ELN — Ejército de Liberación Nacional — y las FARC.

Años había luchado contra las FARC en el Pacífico.
Pero ahora empezaba a entender a un enemigo mucho más complejo — uno protegido por un gobierno, financiado por la corrupción, y expandiéndose a través de fronteras.

La persecución no había terminado.
Solo había cambiado de coordenadas.

Ahora se extendía a Venezuela,
donde la corrupción no era un obstáculo… era el sistema.

# Capítulo 12 — Venezuela / El Cartel de los Soles / Conexión con Hezbollah

## Sombras del Sur

Cuando me uní al Departamento de Cumplimiento de la Ley de Florida, pensé que ya había visto todo el mapa del narcotráfico. Pensé que entendía cómo funcionaban las rutas: los corredores del Pacífico, las lanchas Go Fast, los semisumergibles. Pero cuando empecé a reconectar con mis fuentes en Colombia, una imagen más oscura y compleja comenzó a formarse — una que unía cocaína, terrorismo y política de una manera que jamás había visto.

Así fue como escuché por primera vez sobre El Gordo.

Era una de mis primeras fuentes mientras reconstruía mi red. Un tipo bajito, gordito, con una barriga redonda que contaba historias de noches largas y demasiadas cervezas. Era un jugador importante en las rutas del Caribe — moviendo toneladas de cocaína desde La Guajira hacia República Dominicana, Haití y Jamaica. También tenía acceso a algunos de los canales de tráfico más codiciados de Colombia: infiltración de contenedores en los puertos de Cartagena y Buenaventura.

El Gordo no solo estaba conectado — él *era* la conexión.

Pero cuando se comunicó conmigo, no estaba presumiendo. Estaba desesperado.

Había perdido una carga enorme — un contenedor rumbo a España — después de que alguien de su organización se volteara. El cargamento fue incautado. De la noche a la mañana pasó de ser un narcotraficante millonario a un hombre marcado. Sus superiores se lo dijeron sin rodeos: *pagas, o mueres*.

Lo vendió todo.

Fincas, apartamentos, carros, botes — incluso su casa frente al mar. Todo lo que había "trabajado" se esfumó.

Cuando lo conocí, estaba destruido. Me dijo:
"Lo tuve todo, y lo perdí todo. Ahora solo quiero salir."

No era la primera vez que escuchaba esa historia. Tipos como El Chino y otros habían dicho lo mismo — peces gordos que alcanzaron la cima de la pirámide solo para darse cuenta de que el aire allá arriba era tóxico. Pero había algo distinto en El Gordo.

Cuando comenzó a hablar, mencionó algo nuevo — algo que hizo que todos mis instintos se afilaran.

Comenzó a contarme sobre un vínculo terrorista con el tráfico de cocaína en Latinoamérica.

Al principio pensé que estaba exagerando. Pero cuanto más hablaba, más empezaban a encajar las piezas.

Según él, miembros de Hezbollah — el grupo militante chiita libanés — estaban operando en Colombia, Venezuela y Brasil. Dijo que su presencia más fuerte estaba en Venezuela, protegidos por facciones corruptas dentro del gobierno venezolano, pero que se estaban expandiendo hacia Brasil y manteniendo contactos claves en Colombia.

Lo que más llamó mi atención fue con quién estaban haciendo negocios.

No estaban trabajando con las FARC, como yo hubiera esperado. Estaban trabajando con paramilitares de derecha — los mismos que habían peleado contra la guerrilla por décadas, los mismos que por años fueron acusados de colaborar con el ejército colombiano.

Al principio no tenía sentido.

¿Por qué Hezbollah — un grupo terrorista de Medio Oriente — estaría tratando con paramilitares colombianos?

La respuesta era simple:
dinero.

Los colombianos estaban suministrando grandes cantidades de cocaína, enviándola por tierra y luego por río hacia Brasil, cerca de las selvas remotas afuera de Manaos. Allí, miles de kilos se almacenaban en campamentos escondidos.

Desde esa base en la selva, estaban construyendo semisumergibles — del mismo tipo que yo había perseguido años antes en el Pacífico. Pero estos no iban hacia Centroamérica o México.

Estos iban hacia el este — cruzando el Atlántico hacia África.

Desde allí, la ruta hacia Europa era más fácil. Menos vigilancia, más corrupción, más ganancia.

Era brillante, y aterrador.

La logística era enorme — financiamiento, manufactura, protección política y coordinación internacional. Ningún cartel pequeño podía hacer eso.
Esto era narcotráfico patrocinado por un Estado.

Y entonces El Gordo me dijo algo que marcaría el rumbo de mi siguiente operación.

Me dijo que el grupo se estaba volviendo ambicioso. Querían más rutas — nuevos puntos de salida. Ahora estaban poniendo los ojos en el Aeropuerto El Dorado en Bogotá, diciendo que estaba comprometido por corrupción a múltiples niveles. Sobornos. Influencia política. Funcionarios de aduanas siendo pagados para dejar pasar aviones "infectados" y equipajes sin revisar.

Ese fue el momento cuando entendí realmente contra quién estábamos peleando.

Esto ya no se trataba solo de cocaína.
Se trataba de poder.

Una red geopolítica estaba tomando forma en toda Latinoamérica — una que mezclaba dinero del narco, tráfico de armas y guerra ideológica. Los regímenes socialistas de la región estaban fortaleciéndose, financiados por la misma cocaína que destruía vidas a miles de millas de distancia.

De Venezuela a Nicaragua, de Bolivia a Cuba — todo estaba conectado. El narcotráfico se había convertido en el torrente sanguíneo de un nuevo movimiento político.

Y cuanto más miraba, más entendía:

La próxima guerra no se iba a pelear en las calles.
Se iba a pelear en las sombras —
entre naciones, ideologías, y las alianzas invisibles que la cocaína había construido.

Y exactamente allí comenzó mi siguiente operación.

### La Conexión Perdida

Las conversaciones eran largas, interminables, siempre negociando precios, construyendo nuevas rutas y descubriendo nuevas formas de mover veneno a través de los océanos.

El Gordo estaba en contacto constante con sus enlaces — los tipos del Líbano que vivían en Brasil. Ni siquiera se molestaban en ocultarlo; al contrario, presumían de ser parte de Hezbollah.

El Gordo tenía un contacto paramilitar colombiano que ya se había reunido con ellos en persona y había manejado un par de negocios en Europa. Según él, ese colombiano había volado una vez al Líbano, donde fue recibido por hombres con AK-47, de pie con elegancia — relojes caros, camisas planchadas, postura militar. Me dijo que era como entrar a otro mundo — pulido, disciplinado, pero innegablemente militante.

Fue ahí cuando entendí hasta dónde llegaban estas redes.
No tenían límites.
Ni ideología.
Ni fronteras.

Mientras hubiera dinero, alguien en algún lugar se encargaría de construir un puente.

Ahí estaba un narco colombiano, sentado con una organización terrorista, construyendo un imperio juntos — la avaricia como su única religión.

Cuando surgió la oportunidad, decidieron avanzar.
El Gordo les dijo que tenía un contacto en el aeropuerto.
Nosotros les dijimos que también teníamos uno en el Aeropuerto

Internacional de Miami, para hacerlo creíble — para que creyeran que éramos parte de su red.

**La primera carga de prueba: treinta kilos.**

Así, sin más, un hombre apareció en un carro a unas pocas cuadras del aeropuerto listo para entregar. Todo pasó más rápido de lo que esperábamos — demasiado rápido. Ni siquiera teníamos la logística lista para una entrega controlada hacia Estados Unidos por medio de una aerolínea. No teníamos autorización, ni acuerdo con la aerolínea, nada.

No tuvimos más opción que incautar la carga en Colombia.

El siguiente reto fue cómo mantener viva a nuestra fuente.
Construimos una historia para protegerlo.
La narrativa era que el avión había hecho una escala inesperada en Cartagena antes de volar a Miami. Durante la inspección de equipaje, un perro había olfateado una de las maletas y las autoridades incautaron la droga.

Los traficantes estaban furiosos. Habían perdido 30 kilos — un golpe grande. Pero nuestra historia funcionó porque podíamos probar que los kilos sí habían sido cargados en el avión. Y como fueron ellos quienes escogieron la ruta con la escala extra — no nosotros — estábamos limpios. Su error nos salvó.

Pero la presión sobre El Gordo comenzó a subir.

Al principio eran solo llamadas tensas. Luego, el tono cambió.
Las amenazas se volvieron específicas.
Los contactos de Hezbollah empezaron a recordarle quiénes eran.

"Tú sabes quiénes somos."
"Podemos encontrarte en cualquier lugar del mundo."

Escuché las grabaciones, tratando de analizar sus voces. Era una mezcla extraña — portugués y español entrelazados, con un acento árabe fuerte encima. A veces tenía que reproducir el audio dos o tres veces para captar las palabras.

Eventualmente mapeé toda su red de comunicaciones — nodos en Venezuela, Bolivia, Colombia, Estados Unidos y Líbano. Cuando terminé el diagrama, fue escalofriante.

Una telaraña extendida a través de continentes — una alianza transnacional de narcotraficantes, terroristas y oportunistas.

Teníamos algo grande.

Pero entonces llegó el COVID, y todo se frenó. El caos de la pandemia apagó la presión por un tiempo. La organización guardó silencio, pero el miedo de El Gordo no.

Hasta que un día, dejó de responder mis llamadas.

Pasaron dos días. Nada. Luego llamó su esposa.

"El Gordo está en el hospital," dijo. "Tiene COVID."

Ese mismo día, dos agentes con los que había trabajado me llamaron preguntando si yo había sabido algo de él. Yo bromeé:
"No, de pronto se murió de COVID."
Nos reímos.
No sabía que al final de la semana sería verdad.

Fue intubado dos días después. Su salud ya estaba destruida — obeso, diabético, hipertenso. Años de excesos lo habían dejado sin defensa. Su cuerpo no pudo pelear más.

Cuando su esposa volvió a llamar, su voz era un susurro.

"Se fue," dijo.

Así, de un momento a otro, la operación terminó.

Él era nuestro testigo clave — nuestra puerta hacia una red que conectaba Hezbollah, Colombia y Venezuela. Estaba listo para testificar en Estados Unidos. No por dinero, sino por supervivencia — para salvar a su esposa y a sus hijos, para empezar de cero.

Y ahora estaba muerto.

Esa noche me quedé en silencio. Enojado. Triste. Decepcionado. Él había arriesgado todo para hacer una sola cosa decente antes de desaparecer de ese mundo — y ahora todo se había ido con él.

Empecé a buscar agencias de inteligencia, tratando de entregar todo lo que tenía — el diagrama, los audios, las conexiones. No fue fácil.

Demasiada burocracia.
Demasiadas llamadas sin respuesta.
Demasiadas excusas.

Finalmente, un analista joven de inteligencia me contactó y programó una reunión en Miami. Nos vimos en un sitio público, como siempre preferían — terreno neutral. Llegué temprano y esperé, sabiendo que probablemente estaban haciendo contra-vigilancia antes de llegar.

Cuando entró, fue cortés pero distante. Miró el diagrama, asintió, dijo muy poco, y se fue.

Nunca volví a saber de él.

Ese era un patrón que ya conocía demasiado bien.

Nunca sabía si no me creían, no entendían, o simplemente no les importaba. La verdad es que muchos de esos analistas jóvenes hablaban otro idioma — palabras pulidas, teorías académicas, jergas de PowerPoint. Eran inteligentes, claro. Pero nunca habían perseguido a un traficante por una selva, nunca habían visto los ojos de un hombre que mata por vivir, nunca habían entendido el ritmo del peligro.

Ellos hablaban sofisticación;
la calle hablaba supervivencia.

Y la calle siempre gana.

Recuerdo que en Nueva York una vez investigaba a un gran traficante que tenía conexiones con oficiales de alto rango en su país. Pedí más inteligencia y me dijeron que me retirara — porque podía "afectar relaciones diplomáticas".

Un mes después, finalmente me dieron una reunión. Un tipo en traje entró, maletín en mano. Lo abrió como si fueran códigos nucleares, me entregó un

reporte y dijo:
"Esto le ayudará."

Todo lo que había adentro venía de Google (información de fuente abierta).

Ese día perdí la fe.

Y ahora, años después, se sentía igual. Otra operación enterrada bajo burocracia. Otra red intacta — aún moviendo droga, dinero y armas por toda Latinoamérica.

Habiendo vivido 9/11, y escribiendo este libro ahora en 2025, viendo los conflictos y el caos que se está regando por el mundo, no puedo evitar pensar:

No estamos aprendiendo.
Podríamos hacerlo mejor.
Tenemos que hacerlo mejor.


**El Cielo Se Abre Otra Vez**

La noticia corrió rápido — yo estaba de vuelta en el juego.

Las llamadas empezaron a llover. Mis fuentes en Colombia, Venezuela y Centroamérica parecían saber que yo estaba activo otra vez. Cada día traía información nueva — armas, drogas, y nombres que no había escuchado en años.

Una pista nos llevó directo a un depósito de explosivos y un artefacto explosivo improvisado (IED) destinado a ser utilizado contra fuerzas colombianas y posiblemente estadounidenses cerca del pueblo de Tumaco. Usamos un rastreador SPOT para ubicar el punto exacto y, efectivamente, encontramos un paquete escondido junto a un camino de tierra — una bomba lista para ser desplegada.

La FARC seguía viva, seguía letal.
El ELN estaba creciendo.
Y el Clan del Golfo — la nueva generación de traficantes — prosperaba en el caos.

El equilibrio de poder en Colombia estaba cambiando, y no a nuestro favor.

Ahora los carteles mexicanos tenían botas en el terreno, tomando control de laboratorios, reuniéndose con comandantes de la FARC y enseñándoles nuevas formas de procesar y mover producto. El mundo criminal de Colombia se estaba fusionando con el de México — y el resultado era mortal.

Pero la amenaza más grande venía del otro lado de la frontera.

### Venezuela — Donde la Corrupción No Tiene Techo

En Venezuela, la corrupción se había convertido en el propio gobierno. Generales, gobernadores, ministros — todos estaban metidos en el negocio. Proveían refugios seguros para operaciones de narcotráfico y armas desde el Lago de Maracaibo en la región de Zulia hasta Falcón y cualquier región a lo largo de la frontera colombiana.

En la cima estaba el Palacio de Miraflores, donde Maduro, Diosdado y su círculo se estaban llenando los bolsillos con millones del narcotráfico. Nosotros lo estábamos mapeando todo — cada ruta, cada jugador y cómo cada uno recibía su tajada.

El ELN había forjado lazos fuertes con los carteles mexicanos, cambiando cocaína por rifles estadounidenses como AR-15.
El intercambio era simple:
La cocaína subía al norte; las armas bajaban al sur.

Y todo ocurría bajo los ojos vigilantes del ejército venezolano, que cobraba su parte de cada envío.

Tuvimos acceso a varias pistas clandestinas, y lo que vi me dejó frío — pequeñas avionetas Cessna despegando a diario desde Venezuela cargadas de cocaína. Cada aeronave rumbo al norte hacia Centroamérica o directamente a México.

Era una fiesta libre, mientras pagaran.

Quien se rehusara a pagar el impuesto enfrentaba ejecución por política. Literalmente.

La Fuerza Aérea Venezolana — volando F-16 estadounidenses — derribaba cualquier avión que no pagara su cuota. Luego el régimen mostraba esos incidentes públicamente como "operaciones antidrogas", fingiendo combatir el narco mientras en realidad hacían cumplir su propio orden criminal.

Cada parte del negocio — caletas, corredores de vuelo, puertos — estaba bajo control total militar. De vez en cuando cerraban sus rutas por una o dos semanas, solo para recordarles a todos quién mandaba. Luego, después de nuevos sobornos y acuerdos renovados, los cielos se abrían otra vez.

Era su manera de ejercer dominio y control — la versión diplomática de un narcoestado.

### De Vuelta al Cuarto de Guerra

Necesitaba ayuda.

Esto no era el Pacífico — este era un nuevo mundo de operaciones aéreas, pistas privadas y hangares clandestinos. Necesitaba a alguien que entendiera este tipo de guerra desde adentro.

Fue entonces cuando contacté a un viejo aliado: Jesús Romero.

Jesús había sido el cerebro de las operaciones de inteligencia militar en el Pacífico — agudo, confiable y tenaz. Cuando le conté en qué estaba trabajando, no lo podía creer.

"Estoy trabajando exactamente esa línea ahora mismo," me dijo. "Ya organicé un equipo especializado — principalmente Agentes de HSI. Estamos en eso."

Escuchar eso fue como exhalar después de aguantar la respiración por demasiado tiempo.

Jesús y yo habíamos construido un vínculo especial años atrás durante la Operación Australian Fever — una de las interdicciones marítimas más complejas que jamás dirigí. Él era de esos hombres que contestaban el teléfono a las tres de la mañana sin preguntar nada, listo para moverse. Yo era igual. En nuestro mundo, dormir era opcional.

Me agregó al grupo de chat esa misma noche — un círculo de agentes que vivían y respiraban interdicción aérea. Fue entonces cuando me contó lo que había creado:

## NATI — National Air Trafficking Initiative (Iniciativa Nacional de Trafico Aereo)

Una fuerza de tarea dedicada a identificar, rastrear y incautar aeronaves que salían de Sudamérica cargadas de cocaína.

Una red de profesionales que dedicaban su vida a perseguir fantasmas en el cielo — trazando rutas de vuelo, interceptando transmisiones, coordinando con socios extranjeros para cerrar rutas aéreas antes de que siquiera abrieran.

Por primera vez en meses, sentí ese viejo impulso de adrenalina otra vez — el que solo llega cuando sabes que estás en algo real, algo que importa.

Ya no estaba solo.

La pelea había regresado.

### Fantasmas en el Cielo

Yo estaba en tierra.
Y lo que estaba viendo desarrollarse sobre mí era algo que nunca antes había presenciado.

Los hombres con los que estaba trabajando tenían un valor incalculable. Uno de ellos —un infiltrado profundamente dentro del ELN y de las redes del narcotráfico— operaba en absoluta oscuridad, arriesgándolo todo. De algún modo, con nada más que su celular, logró filmar lo que la mayoría jamás creería posible.

Me enviaba videos —granulados pero impactantes— de comandantes y tropas del ELN moviéndose por toda Venezuela, cargando aeronaves en pistas clandestinas, organizando logística, asegurando rutas y coordinando operaciones de exportación a gran escala.

Solo alrededor de Maracaibo identifiqué por lo menos doce pistas aéreas distintas.
Cada una con su propósito.
Si una pista se inundaba o estaba demasiado lodosa, se movían a otra.
Estaban preparados para todo.

Los aviones venían de todas partes —Bolivia, Brasil y muchos desde los Estados Unidos.

Eso fue lo que más me desconcertó: la cantidad de aeronaves registradas en EE.UU. que estaban sacando cargamentos de cocaína desde Venezuela.

No lograba entenderlo... hasta que Jesús Romero me lo explicó.

Él había destapado todo el mecanismo e incluso escribió un libro al respecto:
El Vuelo Final, La Reina del Aire — The Final Flight, Queen of Air.

En el libro expone cómo un intermediario norteamericano estaba vendiendo registros de aeronaves directamente a manos de los traficantes, entregándole al ELN y a los carteles venezolanos sus alas.

Los pilotos eran otra historia aparte.

Muchos eran excontratistas militares privados, veteranos de distintos países de Latinoamérica —hombres que habían volado en zonas de guerra y no parpadeaban ante el riesgo.
Despojaban sus Cessnas por dentro y reemplazaban asientos y paneles por tanques de combustible flexibles para aumentar el alcance.
Estas aeronaves transportaban entre 500 y 700 kilos de cocaína, según el modelo y el peso.

Luego vino un cambio que lo alteró todo.

Mis fuentes empezaron a reportar aeronaves más grandes —G4s y G5s.
Al principio tuve que buscarlas. Gulfstreams. Jets ejecutivos.
Aeronaves capaces de transportar 2,000 a 2,500 kilos de cocaína.

Ya no eran juguetes de contrabandistas —eran operaciones del tamaño de corporaciones.

Y eso significaba una sola cosa:

Complicidad del gobierno.

Nadie podía mover ese tipo de metal sin autorización de alto nivel.

### El Vuelo a Belice

Hay un caso que sobresale como una cicatriz.
Un Gulfstream G4 despegando cerca de Maracaibo.

Teníamos todo — el teléfono satelital que usaban los pilotos, fotos de los kilos apilados en el campo, y el número de registro de la aeronave. En coordinación con la Fuerza Aérea Colombiana, lo rastreamos rumbo al norte, con destino a Belice — una ruta que se había convertido en un corredor favorito hacia México.

Empujé toda la inteligencia hacia NATI, la Iniciativa Nacional contra el Tráfico Aéreo, y hacia JIATF-S. Los mismos hombres con los que había trabajado del lado marítimo.
Pero esto no era como el océano.

No puedes simplemente poner un cutter frente a un avión.

Una vez que los militares tomaron control, las comunicaciones se apagaron. Esperé toda la noche, mirando datos satelitales, siguiendo puntos que cruzaban mapas. Cerca de las cinco de la mañana, entró una notificación:

"El avión dio dos círculos y luego aterrizó."

Pensé que lo teníamos.

Esperaba escuchar sobre arrestos, incautaciones — la prueba de que el sistema aún funcionaba.

En cambio, horas más tarde, lo único que recibimos fueron fotos del avión — el fuselaje, los motores, los tanques de combustible — pero sin tripulación y sin cocaína.

Era exasperante.

¿Cómo podía una aeronave de varias toneladas aterrizar en un país pequeño, ser rastreada en tiempo real y desaparecer?

Más tarde supe la verdad: había un solo agente de la DEA asignado a Belice.

Uno.

A pesar de saber que múltiples aviones estaban aterrizando allí, nadie reforzó el puesto. Nadie actuó.

Los narcos tenían una rutina:
Aterrizar el avión, descargar los kilos y quemar la evidencia.
Casi el 90% de las aeronaves usadas para vuelos clandestinos se incendiaban en cuestión de minutos después de tocar tierra. Para cuando llegaban las autoridades o personal militar, lo único que quedaba eran estructuras carbonizadas, aluminio derretido y tierra negra.

Esto no era pánico; era procedimiento estándar.
Destruir la aeronave, borrar huellas, eliminar números de serie y marcharse limpios.
Solo cuando su cronograma colapsaba o las fuerzas de seguridad se movían más rápido de lo esperado encontrábamos aviones intactos. De lo contrario, todo — carga, instrumentos, aviónica — ya había sido reducido a cenizas.

Los traficantes estaban adaptándose rápido, enviando más vuelos a Belice y directamente a México, donde la interceptación era casi imposible.

Hablar con el gobierno en México era como hablar con los propios narcos.

Incluso durante las campañas marítimas, aprendimos la regla:

"Notificas a México, y estás notificando a los traficantes."

Así de profundo llegaba la podredumbre.

Mientras tanto, Jesús Romero estaba haciendo un trabajo extraordinario en Guatemala.

Él se había convertido en el centro nervioso de toda la cuadrícula de interdicción en Centroamérica — coordinando directamente con el ejército guatemalteco, su comando de defensa aérea, sus unidades de inteligencia y los equipos de fuerzas especiales encargados de atacar pistas clandestinas.

Jesús tenía algo raro: autoridad real en el terreno y una confianza absoluta de los socios extranjeros. No solo compartía información — dirigía. Sincronizaba. Construía una máquina capaz de moverse tan rápido como los traficantes.

Bajo su mando, Guatemala se convirtió en uno de los pocos países en la región capaces de incautar vuelos narcos de manera consistente. Su ritmo era implacable. Los traficantes no estaban acostumbrados a ese tipo de presión.

### La Operación Que Lo Cambió Todo

Una operación cambió el tono de todo el conflicto.

Un teniente de un cartel mexicano voló hacia Venezuela para entregar un pago — negocio estándar de cartel. Pero en el camino de regreso, por arrogancia o por estupidez, decidió cargar su avión con cocaína "por diversión", quizá para lucirse, quizá para ganar puntos extra con sus jefes.

Nunca llegó a casa.

El equipo de Nati, coordinando con Jesús y las fuerzas guatemaltecas, lo interceptó en el momento después de que sus ruedas tocaron tierra. Fue arrestado en el acto — un miembro de alto nivel del cártel capturado en un país extranjero, en plena coordinación con los americanos.

Ese solo arresto envió ondas de choque.
No por la cocaína — los traficantes pierden cocaína todos los días — sino porque uno de sus hombres más importantes había quedado expuesto.

Las autoridades les habían demostrado algo:

Guatemala ya no era un corredor seguro.

### El Efecto Onda

La presión funcionó.

Los vuelos hacia Guatemala disminuyeron casi de inmediato.

Los traficantes vieron el patrón:

Guatemala se había vuelto demasiado riesgosa.

Demasiado organizada.

Demasiado coordinada.

Pero los traficantes no se detienen.

Se adaptan.
Se mueven.
Encuentran nuevas grietas por donde deslizarse.

Y eso fue exactamente lo que ocurrió.

## Capítulo 14 – La nueva ruta aérea hacia Las Bahamas

### El Arco del Caribe

Cuando Guatemala apretó su espacio aéreo, las rutas comenzaron a desplazarse hacia el este, extendiéndose por las islas del Caribe — pero específicamente hacia Haití, República Dominicana, Puerto Rico y Las Bahamas.

Cada lugar ofrecía una ventaja distinta para los traficantes:

el caos político de Haití,

el enorme volumen de tráfico comercial en la República Dominicana,

el estatus territorial estadounidense de Puerto Rico,

y los canales interminables y poco profundos de Las Bahamas.

Radar débil.
Funcionarios corruptibles.
Pistas remotas y playas desiertas.
Casi imposible de patrullar.

Los carteles usaron estas islas como peldaños, saltando de un punto a otro, creando una nueva telaraña de rutas aéreas que conectaba Venezuela con Centroamérica y México sin tocar Guatemala otra vez.

Por primera vez en años, los traficantes estaban abandonando rutas antes confiables — no porque quisieran, sino porque Jesús Romero los obligó a evolucionar.

Él les mostró cómo se veía una verdadera interdicción.
Les mostró lo que era la coordinación real.
Y les demostró que los narcos no eran intocables — no cuando alguien con experiencia y carácter se paraba en su camino.

### Un Campo de Batalla Cambiante

Pero toda acción tiene una reacción.

Con Guatemala fortificada, los traficantes reforzaron sus vínculos en las islas.
Forjaron nuevas alianzas, abrieron nuevas pistas y expandieron sus conexiones políticas.
Sus vuelos se movían como sombras sobre el Caribe, usando el caos y la corrupción como cobertura.

Para mí, sentado en Florida, recibiendo inteligencia constante desde el lado venezolano — videos, llamadas, señales satelitales — todo quedó claro:

El campo de batalla había cambiado.
Los cielos habían cambiado.
La guerra se había movido.

Y si quería mantenerme adelante,
tenía que moverme con ella.

## El Punto de Quiebre

La frustración era insoportable — para mí y especialmente para mis fuentes.

Manejar un caso de interdicción aérea no se parecía en nada a los casos marítimos.

No teníamos autoridad militar estadounidense para interceptar aeronaves como lo hacíamos con los Go Fast en el mar.
Y en tierra, llegar a zonas de aterrizaje remotas requería helicópteros y unidades de fuerzas especiales — recursos que casi nunca estaban disponibles.

Estábamos peleando una guerra con las manos atadas.

Algunas de mis fuentes trabajaban por reducciones de sentencia; la mayoría arriesgaba su vida por dinero — dinero para alimentar a sus familias o para empezar de nuevo.
Pero sin arrestos, sin incautaciones, sin resultados visibles, los pagos se detenían.

Comenzaron a perder la fe.

"¿Cuánto más necesitas de mí?", uno me preguntó.
"¿Por qué no derriban los aviones? ¿Por qué no hay nadie esperando cuando aterrizan?"

La presión sobre ellos — y sobre mí — era aplastante.
Estos hombres lo arriesgaban todo, y lo único que veían era silencio desde arriba.

Peor aún, los traficantes empezaban a darse cuenta.

Sentían los ojos en el cielo.
Aviones militares los seguían, y la sospecha crecía.

No tuve elección.

Le dije a mis fuentes que se detuvieran — que dejaran de enviar información hasta que pudiéramos arreglar la situación.

Porque en este juego, cuando las líneas se vuelven borrosas entre gobiernos, carteles y terroristas...

la única forma de seguir vivo...
es desaparecer.


## El Vuelo Que Venía Directo Hacia Nosotros

Me senté en mi escritorio tratando de reorganizar mis pensamientos, tratando de descifrar cuál diablos debía ser nuestro siguiente paso. La cabeza me daba vueltas. Nada tenía sentido. Seguía preguntándome—y preguntándole a cualquiera que quisiera escuchar—por qué no había una fuerza de tarea dedicada exclusivamente a derribar estos aviones, o al menos seguirlos hasta que se quedaran sin combustible y tuvieran que aterrizar.
¿Por qué no estábamos incautando los aviones?
¿Por qué no arrestábamos a los pilotos?
¿Por qué estábamos viendo cargas caer del cielo sin hacer nada?

La presión venía de todos lados—fuentes arriesgando sus vidas, inteligencia acumulándose, operaciones chocando contra paredes—y aun así los resultados eran vacíos.
Era como gritarle a un huracán.

Entonces todo cambió con una llamada.

Uno de mis informantes—sólido, confiable, nunca me había mentido—dijo algo que me hizo erizar la nuca.

"Hermano... tienen que agarrar este. Va directamente para ustedes."

Me zumbó el oído.

"¿Qué quieres decir con que viene para mí?"

Lo repitió—despacio, controlado, seguro.

"Este va para al lado de ustedes. No les importa si tienen cola."

Una ola fría me cruzó el pecho.
Y luego añadió algo peor.

Los traficantes le habían dicho:
"No importa si nos siguen. Los americanos tienen control allá."

No les importaba ser seguidos porque "los americanos mandan allí."

La sangre me hirvió.

Ya no era un rumor.
No era una pista remota en la selva, ni un campo guatemalteco, ni una isla en Centroamérica.

Era aquí.
Era ahora.
Venía rumbo a mi patio.

Rumbo a Florida.
Rumbo a Miami.

Le pregunté directo:
"¿A dónde exactamente va ese avión?"

Su respuesta me dejó helado.

"A Las Bahamas. Y los kilos terminan llegando a Miami."

Todo en mí entró en modo operación.
Trabajando para FDLE, con la amenaza prácticamente rozando la costa de Miami, sabía que no teníamos opción.

Había que actuar.

Empecé a notificar contactos de inmediato—pero fue ahí cuando descubrí algo feo. Había rumores pesados de corrupción en Las Bahamas.
Corrupción profunda.
Del tipo que se parece a la de México.
Del tipo donde la información compartida con la policía termina directamente en manos del cartel.

Había que movernos con cuidado.
Mucho cuidado.

## El Cambio en la Ruta del Vuelo

Observé el radar mientras el avión avanzaba hacia el norte. Al principio, parecía que iba hacia Haití.
Luego—un giro brusco—directo a Las Bahamas.

La aeronave aterrizó en una isla pequeña.
Y en el mismo instante en que tocó tierra, alguien—en algún punto de la cadena—alertó a la policía bahameña.
Llegaron "a investigar", según el reporte oficial.

Lo que nos dijeron fue ridículo.

Afirmaron que los pilotos eran "turistas".
Dijeron que el avión estaba vacío.
Aseguraron que la tripulación estaba "reabasteciendo" y que planeaban seguir subiendo de isla en isla.

¿Turistas?
¿Desde Venezuela?
¿Volando esa ruta?

Era un chiste.
Una cortina.
Una mentira descarada.

Mi fuente jamás había fallado.
Y no había ninguna razón—ninguna—para que un narco-avión venezolano apareciera en esa parte de Las Bahamas si no llevaba cocaína.

Nuestra inteligencia había sido precisa por meses.
Nosotros teníamos la razón.
Ellos estaban mintiendo.


## La Persecución Hacia Ninguna Parte

CBP se activó de inmediato. Lanzaron un helicóptero Black Hawk junto con un oficial de otra unidad. Iban con todo, cruzando el agua, directo hacia la isla.
Pero antes de que llegaran, el avión ya no estaba.

La policía bahameña le dijo a CBP que la aeronave había volado en una dirección.

Pero el radar y el comportamiento del vuelo demostraron, después, que había tomado una ruta completamente diferente.

Perdimos la carga.
Así de simple.
Así de rápido.

Y esta fue la primera vez que presencié un vuelo narco directo entre Venezuela y Las Bahamas — una ruta tan descarada y tan cerca de casa que se sentía como un desafío directo.
A los traficantes no les importaba.
Según mi fuente, ellos creían que los estadounidenses "tenían control allá".
Creían que estaban seguros.

Estaba furioso.
No solo porque perdimos el avión.
Sino porque esto ya no ocurría a miles de millas de distancia.

Esto estaba pasando a pocas millas náuticas de Miami, justo donde yo trabajaba.

Era la primera vez que veía una ruta directa entre Venezuela y Las Bahamas. Y peor — era la primera vez que escuchaba a traficantes decir abiertamente que no les importaba quién los siguiera porque "los americanos mandan ahí".

Ese golpeó duro.

La corrupción en las islas reflejaba la de México y Venezuela.

Excepto que ahora no era lejos.
Era al lado.
En nuestra cara.

Y la verdad era simple:

Estaban evolucionando — otra vez.
Encontrando nuevas rutas — otra vez.
Aprovechando la corrupción — otra vez.

Como siempre.

Ya no se trataba de fronteras ni distancias.
Era una red criminal que se adaptaba más rápido que los sistemas diseñados para detenerla.
Y ahora estaban operando más cerca que nunca.

Me sentía sin esperanza.
Ya había vivido esto antes en el Pacífico — cuando perseguíamos go-fast y semisumergibles — y aun así, después de todas las incautaciones y las noches sin dormir siguiendo barcos en mar abierto, aprendí una verdad dura: lo que atrapábamos era quizá un 20% de lo que realmente entraba a México y Centroamérica.

Ahora, viendo estos aviones despegar de Venezuela y desaparecer en el cielo del Caribe, entendí que era la misma historia otra vez.
Quizá peor.

Mi mayor preocupación eran los vuelos que entraban directamente a Centroamérica y las islas del Caribe, porque sabía exactamente dónde iban a terminar esos kilos.
Eventualmente, esas drogas caerían en manos de americanos aquí en Estados Unidos.

Pero esa no era toda la historia — ni cerca.

Había otros vuelos, docenas cada semana, saliendo de Venezuela.
Algunos iban para Surinam.
Otros volaban directo hacia África.

Y no eran avionetas pequeñas.
Eran los mismos Gulfstream — G-4 y G-5 — que había visto dirigirse hacia Belice.
Aeronaves pesadas cargadas con toneladas de cocaína.

El tráfico era horrendo.
La corrupción en Venezuela, liderada por Maduro y el Cartel de los Soles, superaba cualquier cosa que hubiera visto.

Y como si los narcóticos no fueran suficientes, empezó a llegar inteligencia sobre otra operación — aún más lucrativa: oro.

Los generales venezolanos estaban enviando oro fuera del país por todos los medios imaginables.

En aviones.
En contenedores.
Y algunos vuelos ni siquiera estaban escondidos.

Había vuelos directos desde Irán que aterrizaban en Venezuela, cargaban toneladas de oro, y despegaban como si fuera una transacción comercial normal.

Estaban asegurando su futuro, protegiendo su poder, y vaciando al país por dentro.

Nunca olvidaré una reunión que tuve en Colombia con un funcionario venezolano.
Se sentó frente a mí, calmado pero desesperado, y trató de negociar un envío masivo de oro.

Dijo que 20 toneladas de oro estaban programadas para salir de Venezuela en un contenedor.
Veinte toneladas.

No quería los pagos pequeños y limitados que las agencias estadounidenses ofrecen a los informantes. Él quería un porcentaje de la carga —10 %— y documentos para él y su familia para desaparecer dentro de los Estados Unidos.

Sabía que lo que estaba haciendo era suicida.
Sabía que le pondría una diana en la espalda.
Pero también sabía que era su única oportunidad para escapar del régimen y salvar a su familia.

Los documentos no eran el problema. Eso podía arreglarse.
El obstáculo era el dinero.

El gobierno de los Estados Unidos no estaba preparado — estructural o legalmente — para pagar millones de dólares a un informante por un porcentaje de un cargamento de oro.
No estaba pidiendo $50,000 ni $100,000.

Estaba pidiendo un pago que cambiaría su vida, ligado a 20 toneladas de oro robado.

Era imposible.

Pero el solo intento confirmó todo lo que ya sabía:
el liderazgo corrupto de Venezuela estaba traficando miles de libras de oro, financiando su supervivencia, destruyendo su propio país, y alimentando nuevos imperios criminales que alcanzaban mucho más allá de Latinoamérica.

Y mientras todo esto ocurría…

la misión continuaba.

### Capítulo 15 — Los "Pilotos Brasileños"

**La Carga Más Pesada**

Recibí otra llamada telefónica. Las cosas se estaban poniendo críticas con esta nueva ruta. Varias aeronaves habían sido vistas dirigiéndose hacia las Bahamas, y esta vez los narcos ni siquiera pretendían esconderse. Lo que antes era un camino difícil —una última opción— ahora se estaba convirtiendo en una autopista en el cielo. Estaban imprudentes, atrevidos. Y nuevamente, mi fuente repetía la misma frase:

"No les importa si los están siguiendo."

Esta vez, dijo, la carga era más pesada de lo usual para una Cessna 210. Más de 600 kilos.
Le pregunté dos veces si estaba seguro.
Una 210 no está hecha para cargar tanto peso —especialmente no con la gasolina extra que tenían que llevar en latas después de vaciar todo el interior.

Él insistió:

"Sí, están codiciosos. Están empujando una carga más grande de lo normal."

El avión despegó. Identificamos la matrícula. Lo vimos ascender y dirigirse hacia el norte. Pero de repente —como un pez mordiendo el anzuelo— la aeronave giró en U.

Llamé a la fuente.
No respondió.

Una hora después devolvió la llamada. Su voz estaba baja, rápida, agitada.

"Están regresando. Problemas de motor."

Eso fue todo lo que dijo. Diez, tal vez quince segundos, antes de colgar.
Me dijo que había confusión, caos, pánico por la carga.

El avión había despegado sobrecargado con más de 600 kilos. Los motores no podían soportar la tensión. Después de una hora tuvieron que regresar. Pero cuando intentaron aterrizar, se estrellaron. El tren de aterrizaje colapsó por el peso, y el impacto mandó la aeronave contra el suelo con violencia.

Esa noche, mi teléfono explotó con videos.

No podía creer lo que estaba viendo —ni que la fuente fuera lo suficientemente loco para grabarlo.

Dos hombres heridos: uno sentado en una silla, el otro tirado en el suelo. Ambos blancos, de cabello claro, musculosos, altos, con tatuajes. No parecían los pilotos típicos latinoamericanos que estábamos acostumbrados a ver.
Algo no cuadraba.

Parecían europeos.
Parecían estadounidenses.

Uno tenía la pierna rota, torcida hacia un lado.
El otro estaba siendo suturado en la frente, con sangre corriendo por su cara, sentado en shock absoluto.

La información corrió rápido: los estaban transportando inmediatamente a Cúcuta, al otro lado de la frontera en Colombia. El tipo con la pierna rota necesitaba cirugía o atención médica urgente. Cúcuta era el lugar más cercano con instalaciones adecuadas.

Notifiqué a las autoridades colombianas, les dije que estuvieran alerta por dos hombres heridos cruzando la frontera.
Pero nada regresó —silencio total.

Solo la fuente confirmó después que recibieron atención médica, pero no sabía dónde terminaron.

Todo sobre ellos olía raro.

¿Cómo dos extranjeros —altos, atléticos, con apariencia europea— terminaron volando una Cessna sobrecargada con cocaína desde Venezuela hacia las Bahamas?
¿Quién los contrató?
¿Quién los recomendó?
¿Por qué estaban tomando riesgos que ni los pilotos narcos más experimentados se atreverían a tomar?

Todo —la carga, el avión, los pilotos— se sentía mal.

Sospechoso.
Imprudente.
Incorrecto.

Esa carga iba directo a las Bahamas.
Y lo que haya pasado con esos dos hombres…

Es un misterio que siempre cargaré conmigo.
Uno de esos que se quedan enterrados, muy al fondo de la memoria, sin resolverse jamás.

## Capítulo 16 — Decisión de Dejar la Fuerza

### Los Días Finales

Mientras todo esto estaba ocurriendo, mi vida personal se estaba desmoronando. Estaba pasando por un divorcio difícil —mi segundo— y el peso de todo eso me empujó a un lugar oscuro. Ya tenía a mis dos niñas, Samantha y Sofía, y el estrés de intentar mantener estable su mundo mientras el mío se rompía era insoportable.

Tratar de equilibrar todo eso con lo que estaba sucediendo en Venezuela —los aviones, las fuentes, las redes— se volvió demasiado. Y la unidad en la que estaba asignado no era solo narcóticos. También teníamos que responder a incidentes donde un oficial disparara su arma en todo el sur de la Florida.

Eso significaba dejarlo todo en el instante en que un policía apretara el gatillo. Siempre estábamos activados, siempre en alerta.

Esas escenas eran brutales.

Y la verdad es que nunca fui hecho para trabajo de homicidios.

En el NYPD pude haber ido a la escuela de homicidios, pero nunca me llamó la atención. Pude haberme especializado en ese mundo, pero esa no era mi vocación. Mi pasión siempre fue narcóticos. Les doy todo el crédito a los detectives que dedican su vida a resolver asesinatos —se necesita un tipo de persona muy especial para caminar dentro de esas escenas, ver cuerpos, sangre, destrucción, y mantenerse enfocado.

Pero para mí… eso no era.

Como undercover, aprendí a mantener la calma en situaciones peligrosas —dentro de apartamentos, cuevas de crack, en la calle, en sótanos, rodeado de asesinos y adictos. Eso nunca me molestó. Podía manejar esa adrenalina, ese tipo de presión.

Pero entrar en una escena sangrienta de homicidio era algo que mi espíritu rechazaba.

Cada quien tiene un llamado, y homicidios simplemente no era el mío.

Y muy dentro de mí, algo más comenzó a pesar.

Sentía que estaba peleando contra un monstruo que no podía vencer.

En mis primeros días como undercover, era feliz, motivado. Sentía que estábamos marcando una diferencia. La ciudad era más segura. Las robos bajaban. Las bandas se desmantelaban. Podías sentir a las calles respirar de nuevo.

Pero mientras más profundo entraba, mientras más alto subía hacia los verdaderos niveles del narcotráfico, más me di cuenta de algo devastador:

Ya no estábamos peleando contra criminales callejeros.
Estábamos peleando contra la corrupción.
Contra gobiernos.
Contra instituciones.
Contra personas en las sombras que controlaban todo el mercado.

Barcos.
Aviones.
Cargas de toneladas.
Redes atadas a políticos, generales y gobiernos extranjeros.

Había demasiado dinero.
Demasiado poder.
Demasiada oscuridad.

Y mientras seguía empujando más y más dentro de ese mundo... me sentía perdiéndome mentalmente. Estaba agotado. Estaba herido.
No quería morir persiguiendo algo que no podía controlar.
Algo que ningún agente podría detener jamás.

Pensé que estaba listo para seguir peleando cuando me mudé a Miami.

Pero estaba equivocado.

Mientras más profundo iba, peor se ponía.


**La Noche en Que Supe Que Se Había Acabado**

El momento que finalmente me quebró —el momento en que supe que este trabajo ya no era mi llamado— ocurrió en mi cumpleaños.

Tenía encendido el fogón en el patio, mi familia alrededor, y una copa de vino en la mano. Por primera vez en mucho tiempo, me sentía relajado. No estaba pensando en aviones, Venezuela, fuentes o cualquier otro caos que consumía mi vida.
Solo quería respirar.

Entonces sonó mi teléfono.

Vi el nombre de uno de mis supervisores en la pantalla.

Incluso en mi cumpleaños, no dudé. El deber es el deber. Y además, no esperaba nada urgente. Mi jefe sabía qué día era.

Pero el tono de su voz me lo dijo todo.

"Andrés… sé que es tu cumpleaños, pero no tenemos a nadie más."

Se me hundió el estómago.

Me dijo que dos reclusos se habían peleado. Uno apuñaló al otro y la víctima estaba en las últimas. Tenía que ir al hospital de inmediato y hacerme cargo de la escena.

Así que me vestí, dejé mi cumpleaños, dejé a mi familia… y manejé.

Cuando llegué, la escena me golpeó más fuerte que cualquier cosa que había visto en años.

La víctima estaba en una mesa en la sala de trauma, su pecho abierto de par en par, y la doctora literalmente masajeándole el corazón con ambas manos, tratando de mantenerlo con vida. Sangre por todas partes. Enfermeras corriendo, gritando instrucciones. Una señora de limpieza parada a mi lado, paralizada. Dos oficiales correccionales mirando, sin saber qué hacer.

El área de trauma ni siquiera estaba separada del resto de emergencias. Todo abierto. Gente tosiendo en camas cercanas mientras este hombre agonizaba frente a nosotros. No se sentía real.

La doctora finalmente se detuvo. Caminó hacia mí —vio la placa colgando de mi cuello, mi libreta, la manera en que estaba parado— y me dijo, calmada pero directa:

"Vamos a declararlo muerto en un par de minutos. No va a sobrevivir."

Se alejó.

Y murió momentos después.

Llamé a mi supervisor y le dije que la víctima había sucumbido.

Luego tuve que llamar a Miami-Dade para que respondieran a la escena.

Treinta minutos después llegó el técnico de la escena del crimen. Me miró y dijo:

"¿Listo?"

No entendí. Le dije:

"Mira, hermano... soy retirado de narcóticos del NYPD. Llevo poco tiempo aquí. Yo no hago homicidios."

Él se rió un poco y dijo:
"Tranquilo. Yo te guío. Ve a buscar un delantal."

¿Un delantal?

Una enfermera me entregó uno. Me lo puse, ya con guantes. Pero el técnico no se puso guantes... ni se acercó al cuerpo.

Entonces dijo:

"Nosotros no tocamos al cuerpo. Ese es tu trabajo."

No tenía opción.

Me acerqué al cuerpo.
Era pesado.
Muerto.
Sangre todavía escurriendo del tórax abierto.

Necesité ayuda—los dos oficiales correccionales me asistieron. Lo levantamos, lo giramos, lo acomodamos para que el técnico pudiera fotografiar cada herida. La sangre bajó por mis brazos, por el delantal, hasta el piso.

Entonces entendí exactamente por qué necesitaba ese delantal.

Cuando terminamos, mi cabeza estaba dando vueltas. Avisé al supervisor, luego esperé al médico forense. Cuando se llevaron el cuerpo, eran casi las cuatro de la mañana.

Manejando a casa, agotado, con el olor a sangre pegado a la ropa, me hice una pregunta que me golpeó más duro que cualquier otra:

¿Qué estoy haciendo?
¿Por qué me estoy haciendo esto?

Yo ya había pagado mis cuotas.

Décadas en la ley.
Años undercover en lo peor de Nueva York.
Años luchando contra redes transnacionales de narcóticos.
Me senté frente a jefes de cartel en Colombia.
Perseguí hombres que construían submarinos millonarios.

Y ahora aquí estaba…
Empezando de cero.
Haciendo un trabajo que no era mi llamado.
Que no era mi pasión.
Que no era quien yo era.

Ya había terminado.

No mucho después, le dije a mi supervisor que me iba.

Tenía una nueva misión ahora —mi verdadera pasión.


**Brazilian Jiu-Jitsu**

Había estado entrenando desde la academia de policía, enseñando cuando tenía tiempo. El BJJ me salvó mentalmente durante toda mi carrera.

Y ahora era momento de devolver algo.
De ayudar a otros a construir disciplina, confianza, fuerza y paz.

Así que dejé el Departamento de Aplicación de la Ley de Florida.

Cerré ese capítulo de mi vida.

Y abrí el siguiente—

mi academia de Brazilian Jiu-Jitsu.

## Capítulo 17 – Capítulo Final / Eventos Actuales / Petro / Venezuela

### Mientras Termino Este Libro (Finales del 2025)

Mientras me siento aquí terminando este libro a finales del 2025, no puedo evitar mirar hacia atrás a Latinoamérica… y darme cuenta de que mucho de lo que estamos viviendo ahora ya estaba escrito en la pared hace años.

Primero fue Ecuador bajo Correa impulsando el socialismo con fuerza.
Luego Brasil, bajo Lula, abiertamente simpático al comunismo. Nicaragua. Cuba. Bolivia.
Y Venezuela — la joya de la corona del colapso.
Argentina solo evitó el mismo destino por lo que considero un milagro.

Uno por uno, los países cayeron en lo que ellos llaman "socialismo del siglo XXI", que no es más que comunismo duro envuelto en lenguaje de mercadeo.

China lo financió.
Rusia lo armó.
La inteligencia cubana lo infiltró.
Y profesores en universidades de todo el hemisferio lo vendieron a jóvenes que no sabían nada mejor.

Yo vi a Venezuela caer en manos de un régimen criminal — Maduro, el Cartel de los Soles, generales con sangre en sus manos, y gobiernos extranjeros usando el país como su patio de juegos.
Vi la crisis fronteriza unfolding en Estados Unidos, y supe exactamente lo que estaba pasando.

El Tren de Aragua no llegó por coincidencia.
Fueron enviados.
Adiestrados.
Escoltados.
Y financiados por gobiernos criminales y potencias extranjeras que querían desestabilizar a los Estados Unidos.

No eran solo ladrones en scooters en Nueva York.
Los líderes eran paramilitares.
Entrenados en explosivos.

Muchos fueron liberados a propósito de cárceles e instituciones psiquiátricas en Venezuela y enviados hacia el norte como parte de un esfuerzo coordinado.

Rusia, Irán y Hezbollah tenían sus huellas en todo.

¿Por qué Venezuela?

Porque posee las mayores reservas probadas de petróleo del mundo —más grandes que las de Arabia Saudita— y China lo quiere. Rusia lo quiere. Irán lo quiere.
Y Maduro quiere aferrarse al poder a cualquier costo.

Y aquí viene la parte que la gente no quiere escuchar:

Venezuela no es un país en fracaso.
Es una bomba de tiempo en nuestro hemisferio.

Dinero chino.
Equipos militares y asesores rusos.
Rutas de oro iraní.
Redes de Hezbollah.
Inteligencia cubana incrustada dentro del ejército venezolano.
Y rutas de narcotráfico protegidas por Maduro y sus generales.

Mientras algunas administraciones dormían, la amenaza crecía.

Y ahora, en el 2025, la Marina de EE. UU. está movilizada —y no solo para pequeñas lanchas "go-fast".
Yo trabajé esas lanchas. Yo las incauté.
Conozco los motores, las rutas, la lógica detrás de ellas.

El Tren de Aragua no está traficando toneladas de cocaína en lanchas con motores débiles.
Eso es teatro político.

La verdadera amenaza está detrás del telón:
las alianzas, capacidades y corrupción de Venezuela a solo millas de la costa de Florida.

**Colombia Hoy**

Colombia — un país con belleza, recursos y algunas de las mejores personas del hemisferio — ahora está dirigido por otro comunista: Gustavo Petro.

Un hombre cuyo pasado no desapareció solo porque cambió de cargo.

Petro fue M-19.
Un comandante.
Activo en secuestros, asesinatos y terrorismo político — incluyendo el infame asalto al Palacio de Justicia, coordinado con Pablo Escobar.

La gente olvida eso.
O prefiere fingir que no pasó.

Y mientras Colombia buscaba paz, justicia y una oportunidad de construir algo mejor, obtuvieron lo contrario. Bajo Petro, el país se ha desplazado hacia el mismo eje ideológico que destruyó a Venezuela.

Petro se ha alineado abiertamente con los regímenes de Nicolás Maduro, Cuba y los movimientos de extrema izquierda en todo el continente. Cada discurso, cada gesto diplomático, cada posicionamiento… empuja a Colombia en esa dirección —un desliz lento lejos de la democracia y hacia la órbita del socialismo autoritario.

En vez de combatir el terrorismo, negocia con él.
En vez de fortalecer la seguridad, la desmantela.
En vez de apoyar a Occidente, se posiciona contra Estados Unidos — criticando nuestras políticas, cuestionando alianzas históricas y acercando a Colombia más que nunca a la influencia de Venezuela.

Para el pueblo colombiano, esto no es política.
Es supervivencia.

Ya vivieron el terror de guerrillas y carteles.
Enterraron a sus muertos.
Vieron a las FARC y el ELN bombardear ciudades, secuestrar civiles, asesinar policías y aterrorizar regiones enteras.

Y ahora, bajo Petro, muchos colombianos sienten que las viejas sombras están regresando:
corrupción, grupos armados creciendo, producción de coca subiendo, y el gobierno mirando hacia otro lado.

## Un Hemisferio al Borde

La región está inestable.
Venezuela es un narco-estado colapsado gobernado por una dictadura ligada a Irán, Rusia, China y redes criminales globales.
Las tensiones fronterizas suben y bajan como las mareas.

Y todos en el mundo de inteligencia saben la misma verdad:

La situación entre Estados Unidos, Venezuela y la región está entrando en su momento más peligroso en décadas.

Esta es la realidad geopolítica actual —un hemisferio balanceándose entre democracia y autoritarismo, entre orden y caos.
Y Colombia, el país donde nací, está justo en el centro.

Por eso traigo a colación la historia de Chester Bitterman.
Su secuestro y asesinato a manos del M-19 en 1981 no es solo una tragedia del pasado —es un recordatorio de quiénes eran estas personas, lo que hicieron, y por qué importa hoy.

Entender lo que le pasó a Bitterman ayuda a entender la realidad geopolítica que los agentes enfrentan ahora en Colombia:
que los mismos individuos que alguna vez apuntaron contra estadounidenses...
ahora dirigen el aparato de inteligencia del país.

## La Historia de Chester "Chepe" Bitterman

Mientras mi familia vivía en Bogotá, asistíamos a una pequeña iglesia cristiana —nada elegante, solo una comunidad unida de creyentes que se cuidaban entre sí. La iglesia había sido fundada años atrás por un pastor estadounidense, James Adams, y más tarde creció bajo la guía de otra familia misionera, los Lines, de Pennsylvania. Ese fue el ambiente en el que crecí: una iglesia construida y sostenida por misioneros norteamericanos que dejaron atrás la comodidad de sus vidas para servir en Colombia.

Mi padre fue uno de los primeros miembros de esa iglesia. Él nos llevaba todos los domingos, y como la congregación era tan pequeña, conocíamos personalmente a todos los misioneros. Nos visitaban con frecuencia, compartían historias de su trabajo en la selva y mostraban fotos de las comunidades indígenas a las que ayudaban. Muchos de ellos pertenecían al Instituto Lingüístico de Verano, una organización cristiana dedicada a traducir la Biblia a los idiomas nativos de los pueblos indígenas en toda Colombia.

No eran personas adineradas, ni políticos, ni espías —eran hombres y mujeres humildes cuyo propósito de vida era ayudar a otros.

Entre esos misioneros estaba Chester "Chepe" Bitterman.

Todos lo querían. Tenía una presencia cálida, un carisma que hacía sentir a la gente en confianza. Tenía una familia joven, una esposa hermosa, un futuro brillante y hasta un perro que mi padre cuidaba de vez en cuando cuando Chester viajaba. Eso es lo importante —no era un misionero distante del que escuchábamos indirectamente. Chester era parte de nuestra iglesia. Parte de nuestra comunidad. Le escribía cartas a mi padre desde el campo. Venía a nuestra casa. Compartió mesa con nosotros.

Esto era personal.

Y entonces todo cambió.

Chester fue secuestrado del centro del Instituto Lingüístico de Verano en Ciudad Jardín —un barrio no muy lejos de donde nosotros vivíamos en Suba. Los guerrilleros del M-19 irrumpieron en las instalaciones, exigiendo al director, quien no estaba presente ese día. Así que se llevaron a Chester en su lugar. Para ellos, Chester representaba algo con lo que querían enviar un mensaje. Creían que el instituto misionero era una fachada de la CIA, una operación de inteligencia estadounidense disfrazada de trabajo bíblico. Ese fue el rumor que difundieron públicamente y dentro de sus filas para justificar lo que estaban haciendo.

Yo era joven, pero recuerdo el miedo.
Recuerdo las expresiones en los rostros de los adultos.
Recuerdo que mi hermano me dijo que la iglesia estaba en ayuno, que la gente estaba orando sin parar para que Chester regresara vivo. Mi padre estaba devastado —como si alguien hubiera arrancado un pedazo de nuestra propia familia. Durante semanas, las noticias hablaban de los secuestradores, de las llamadas, de las negociaciones, de las amenazas. Colombia entera contenía el aliento.

Luego ocurrió lo peor.

Chester fue encontrado muerto dentro de un bus en Bogotá, con un disparo en el pecho. El M-19 colocó su bandera sobre su cuerpo, exhibiendo sus colores con orgullo, como si aquel asesinato fuera algún tipo de declaración política. Querían que el mundo supiera que habían sido ellos. Querían que el mensaje fuera claro.

Para nuestra iglesia, fue un golpe al alma.
Para mi padre, fue inolvidable.
Para todos nosotros, fue un momento que definió cómo entendimos la violencia en Colombia.

Cuento esta historia por una razón.

Hoy, antiguos miembros del M-19 ocupan algunas de las posiciones más sensibles del gobierno colombiano, incluyendo la Dirección Nacional de Inteligencia (DNI) —el equivalente a la CIA en Estados Unidos. La misma organización que alguna vez ejecutó secuestros y asesinatos ahora tiene autoridad total sobre operaciones de inteligencia, contrainteligencia, vigilancia y cooperación internacional.
Para las agencias estadounidenses operando en Colombia —HSI, DEA, FBI, CIA— esto no es solo incómodo.
Es peligroso.

Estos son hechos, no opiniones.
Esto es historia, no retórica de campaña.
Y hoy, estas son las personas que moldean la relación entre Colombia y los Estados Unidos.

Por eso importa.
Por eso incluyo la historia de Chester en este libro.
No para reabrir heridas, sino para recordar que la violencia tiene linaje, y el liderazgo tiene memoria.
Cuando Petro salió en televisión anunciando que Colombia dejaría de compartir inteligencia con Estados Unidos, cualquiera que vivió la era del M-19 entendió exactamente lo que eso significaba.
Porque hay historias que no desaparecen —solo cambian de uniforme.

La historia de Chester Bitterman no es solo una tragedia del pasado.
Es una advertencia para el presente.
Y es un recordatorio de quién está dirigiendo Colombia ahora.

Hoy, Colombia se está ahogando en producción de cocaína. La corrupción se expande. Petro designó regiones fronterizas con Venezuela como "zonas especiales de cooperación militar" —que no son más que corredores para narco-pistas y rutas fluviales que alimentan a carteles internacionales.

En mi creencia honesta, Venezuela se ha convertido en un punto de presión tan volátil y tan influenciado por potencias extranjeras que algunos argumentan que la primera chispa de un conflicto global podría encenderse en nuestro propio hemisferio —no en Europa, no en el Medio Oriente.
Y después de todo lo que he vivido, yo lo creo.

La guerra contra las drogas no terminará con arrestos ni decomisos.
Tiene que venir desde la educación —desde adentro—
alcanzando a los jóvenes antes de que los carteles lo hagan.

La corrupción siempre será el combustible.
El dinero siempre será la tentación.

Pero puedo decir esto:

Di todo lo que tenía.
Y por un tiempo, hicimos una diferencia.

Este libro está dedicado a todos los que todavía están allá afuera luchando, sacrificando noches de sueño, tiempo con sus familias y su propia paz mental para proteger a otros.

A los hombres y mujeres de HSI —la agencia más versátil del país.
A mis hermanos y hermanas del NYPD —el trabajo nunca fue el problema.
La gente a veces sí.
Pero el trabajo… el trabajo es sagrado.

Hacemos el trabajo lo que es.
Protegemos a los nuestros.
Nos empujamos a mejorar.

Hay docenas de casos que dejé fuera de este libro —algunos demasiado sensibles, otros necesito tiempo para considerarlos.
Suficiente para un segundo volumen, sin duda.

Gracias por caminar este camino conmigo —a través de las selvas, los océanos, las casas seguras, las pistas clandestinas, la oscuridad y las revelaciones.

**Dios los bendiga**
**Y nunca se olviden: Jesús es Rey de Reyes!**

www.ingramcontent.com/pod-product-compliance
Lightning Source LLC
Chambersburg PA
CBHW050954050426
42337CB00051B/836